普通高等教育“十二五”规划教材
全国高职高专规划教材·会展策划与管理系列

展商促进服务与管理

吴海燕　主　编
刘　晗　高慧云　副主编

北京大学出版社
PEKING UNIVERSITY PRESS

内容简介

本书结合校企融合和工作过程系统化的理念，以实际工作过程为主线，集“教、学、做”于一体。本书包括五大学习任务：基础知识学习、展前客户（参展商）服务、展中客户（参展商）服务、展后客户（参展商）服务与管理和工作任务总体整合。本书的学习过程体现了整个的工作过程，遵循了认知规律。

本书体例新颖，充分结合实际岗位需求，体现职业发展和认知规律。本书技能性和操作性强，注重内容的完整性、实践性和实用性。

本书可以作为高职高专、应用型高等院校本科、成人高校会展策划与管理及相关专业的教学用书，也可作为会展管理从业人员和从事会展培训人员的参考用书。

图书在版编目（CIP）数据

展商促进服务与管理/吴海燕主编．—北京：北京大学出版社，2013.7
（全国高职高专规划教材·会展策划与管理系列）
ISBN 978-7-301-22684-1

Ⅰ．①展…　Ⅱ．①吴…　Ⅲ．①展览会—商业服务—高等职业教育—教材 ②展览会—商业管理—高等职业教育—教材　Ⅳ．①G245

中国版本图书馆 CIP 数据核字（2013）第 136817 号

书　　名：展商促进服务与管理
著作责任者：吴海燕　主编
策 划 编 辑：李　玥
责 任 编 辑：李　玥
标 准 书 号：ISBN 978-7-301-22684-1/F·3646
出 版 发 行：北京大学出版社
地　　址：北京市海淀区成府路 205 号　100871
网　　址：http://www.pup.cn　　新浪官方微博:@北京大学出版社
电 子 信 箱：zyjy@pup.cn
电　　话：邮购部 62752015　发行部 62750672　编辑部 62765126　出版部 62754962
印 刷 者：三河市博文印刷厂
经 销 者：新华书店
787 毫米×1092 毫米　16 开本　12.25 印张　200 千字
2013 年 7 月第 1 版　2013 年 7 月第 1 次印刷
定　　价：28.00 元

前　　言

会展行业是一个新兴的服务行业，影响面广，关联度高，是发展潜力大的行业之一，目前，中国市场上急需大量专业型高技能会展服务和管理人才。《展商促进服务与管理》是会展专业的核心课，如何搞好对参展商的服务和管理是这门课程的关键。参展商的服务和管理是会展筹备工作的核心，因此营销人员也就成了公司的核心人员。

本书结合校企融合和工作过程系统化的理念，以工作背景设计学习任务、以项目为主线设计理论学习内容。本书以实际工作过程为主线，与行业专家一起对会展领域所涵盖的岗位群进行工作任务和职业能力分析，以展商服务管理的工作流程和基层管理能力的培养等为目标设计了相关的习题和技能测试题。为了使学生更好地理解知识和项目，本书还设计了小贴士和相关链接。

本书课时安排建议为 68 课时。任务一为 2 课时，任务二为 30 课时，任务三为 22 课时，任务四为 12 课时，任务五为 2 课时。

本书在编写过程中力求突出以下特点：

1. 工作任务设计的创新性

本书是对工作过程法、项目教学法、情景教学法、角色扮演法、任务驱动教学法的探讨和尝试，是教学法和教材内容组织体系的创新成果。

2. 体现职业发展和认知规律

本书整体构架符合职业教育规律和高端技能型人才成长规律，学习任务的设计体现了对展商服务与管理的整个工作过程，遵循了学习者的认知规律，体现了初学者领悟整个工作过程的规律。

3. 在新体例下注重学科知识的完整性

五大学习任务的设置来源于实际工作，在融入知识点和能力点时，知识难度和复杂程度逐渐递增，全书的知识体系完整。以学习任务为主线设计教学内容，将原来的理论体系彻底打散的同时，保证理论知识不减少。在设计学习任务问题时，不是简单地解决学习任务，而是提出不断深入的问题引导学生反思。

4. 体系设计的实践性和实用性

本书立足于强化实际操作能力，以工作任务引领学生学习兴趣，激发学生学习热情，并从中培养起职业素养。本书从教学实际情况和社会、行业实际需求出发，以实用、巧用、好用、够用为原则，以体现高职教材的职业性和适当的理论高度。

5. 内容选取充分结合实际岗位需求

本书通过企业调研和专家研讨，是以实际工作过程为主线，以就业为导向，邀请行业专家对会展领域所涵盖的岗位群进行工作任务和职业能力分析，以对展商服务管理的工作流程和基层管理能力的培养等为目标，进行教材内容的选取和结构的设计，充分考虑了实际岗位的需求。

本书由北京信息职业技术学院吴海燕担任主编，北京鹰视文广艺术发展有限公司刘晗和北京信息职业技术学院高慧云担任副主编，北京信息职业技术学院王志凝担任参编。编写分工如下：任务一由王志凝编写，任务二由刘晗和吴海燕共同编写，任务三由高慧云和王志凝共同编写，任务四由高慧云和吴海燕共同编写，任务五由吴海燕编写。最后由吴海燕、刘晗、高慧云对全书进行了系统的修改和统稿。

本书在编写过程中，还得到了北京信息职业技术学院苏兰君老师的大力支持，在此表示衷心感谢。

作为一本新兴学科的教材，尽管编者为之付出了很大辛劳和精力，并倾注了极大热情，但其中肯定还有需要研讨、商榷和推敲的地方。教材建设是一项探索性工作，编者将以最大的诚意接纳大家的批评和建议。作者电子邮箱：wuhy@bitc.edu.cn。

编　者

2013 年 5 月

本教材配有教学课件，如有老师需要，请加 QQ 群（279806670）或发电子邮件至 zyjy@pup.cn 索取，也可致电北京大学出版社：010-62765126。

目　录

工作任务一

展商促进服务与管理基础知识学习

展商促进服务与管理由5项工作任务组成。工作任务一，即介绍会展活动的相关基础知识。工作任务二包括5个项目，即把握会展主题、编写招展方案、建立参展商信息数据库、联系参展商、制作参展商邀请函。工作任务三包括2个项目，即明确展中的前期工作、明确会展接待工作。工作任务四包括3个项目，即制作参展商意见调查表、完善数据库、管理客户关系。工作任务五，即工作任务总体整合。每个项目由若干项活动构成。为了更好地理解各个项目、完成各项任务，下面介绍关于展商促进服务与管理这门课程的基础知识。

活动 学习基础知识

理论知识学习

一、会展活动的内容

会展活动至少包括三大方面的内容：会议、展览会、特殊活动。

（一）会议

1. 会议的含义

会议是人们为了解决某个共同的问题或出于不同的目的聚集在一起进行讨论、交流的活动，它往往伴随着一定规模的人员流动和消费。作为会展业的重要组成部分，大型会议特别是国际性会议在提升城市形象、促进市政建设、创造经济效益等方面具有特殊的作用。

国际会议是最重要、最有影响的会议。目前国际上对国际会议认定的权威组织主要有国际大会及会议协会（International Congress and Convention Association，ICCA）和国际协会联合会（Union of International Associations，UIA）等。ICCA 创建于 1963 年，是全球国际会议最主要的机构组织之一。现有成员数目已经超过了 950 个，涉及 88 个国家。在会议领域内，它是最具有国际影响力的协会。

ICCA 规定的国际会议标准有 3 个：① 至少有 50 个参加者；② 定期组织举行会议（不包括一次性会议）；③ 必须在至少 3 个国家举行。北京市旅游局、北京国际会议中心、上海国际会议中心都是它的会员单位。目前，在国内见到的有关国际会议的统计数字，大部分来源于 ICCA 的统计资料。

UIA 创建于 1907 年，是全球国际社团组织最主要的机构组织。国内很少使用 UIA 的统计数据。

UIA 规定的国际会议标准有 4 个：①至少有 300 个参加者；②国外参加者至少占总量的 40%；③参加会议的国家至少有 5 个；④最短会期为 3 天。

2. 会议的类型

（1）按照会议的性质划分。英文中可以把会议都称为 meeting，但实际上各种会议有其共同点，但又不完全一样。不同性质的会议用不同的单词加以区分，具体如下。

① 大会（convention）：大会议题可以涉及政治、经济、科技等领域，如各种组织的年会（annual convention）。其计划、组织及活动安排与代表大会（congress）类似。当今的 convention 往往附带展览活动。

② 专业性会议（conference）：就某个领域的问题进行讨论和交流信息而召开的会议。科技界的会议一般为专业性会议。一般包括主会和讨论问题、解决问题的小组讨论（workshop），如医药会议、计算机会议。

③ 代表大会：普通大会、政治性的代表大会或各种社团组织或社团召开的大会。代表大会一般都按一定的频率举行，全国性的代表大会通常每年举行一次，而国际性或世界性的代表大会通常 2 ～ 4 年举行一次，会期一般为 3 ～ 5 天，开始和最后有全体代表大会（general session），中间有分组会议（session）。普通的代表大会或各种社团组织或社团召开的代表大会，会议组织者需做宣传促销，与会者需交注册（报名）费，自愿参加，可带会伴（需交会伴注册费），可选择参加会议中及其前后的参观、游览等活动。

④ 论坛（forum）：非正式的、开放的会议，其特点是反复深入的讨论。两个或更多的发言人向听众而非对方发表自己的看法、见解、观点、言论并进行阐述、说明，听众可以提出问题，主持人引导发言和讨论并总结各方意见。

⑤ 专家学术研讨会（symposium）：就某一关于科学研究、发展的专题进行的非常正式的学术性的研讨会议。尤指参与者既为听众，又做演讲的会议。

⑥ 讲座（lecture）：通常由一位专家、学者单独做讲解、示范，最后常留出一定的时间回答听众的提问。

⑦ 研讨会、专家讨论会、讨论会（seminar）：通常有充分的参与性，与会者在主持人的协调下就某个方面的问题讲解各自的研究成果并进行研讨。

⑧ 小组讨论会：要求所有小组成员参与，交流信息、技能及对问题的见解。通常穿插在专业性会议或代表大会中进行。

⑨ 专家讨论会（panel）：要求有两位甚至更多的发言人讲述其观点，发言人和与会者一起进行充分的讨论。也可以穿插在专业性会议或代表大会中进行。

⑩ 展览会（exhibition）：和大会相关联而举行的活动。展览会形式通常被经销商用来展示他们的商品和服务。它有着固定的观众，因为它常作为会议的一部分而举行。

⑪ 展示会（trade show）：这个词用来描述为了自己而举行的展览。在欧洲，这样的展览举行时一般没有什么程序，通常称为交易会（trade fair）。

⑫ 会议（meeting）：最广泛的用法，上述各种会议的总称。规模可大可小，层次可高可低，可以是很正式的，也可以是很随意的。

（2）按照会议举办机构划分。按照会议的举办机构划分，会议可以分为协会会议（association meeting）、公司会议（company or corporative meeting）、国际组织和政府会议（international organization & government meeting & conference）、其他会议等类型。

① 协会会议：会议市场最主要的客源是协会会议，因为它具有周期稳定、规模大等特点。"一半以上的协会会议是与贸易展览会相结合举办的，主要目的在于扩大贸易和行业的发展"。

协会由具有共同兴趣和利益的专业人员或机构组成，通过它来交流、协商、研讨或解决本行业的最新发展、市场策略及存在的问题。这些协会会议一般又可分为年会、地区性会议（regional convention）、大会、专题研讨会、理事会和委员会会议（board & committee meeting）。

② 公司会议：为了企业自身的发展，应付日趋激烈的竞争，计划和协调企业的发展目标、策略及各项指标等，各类公司每年都要举行各种会议。公司会议业务比任何其他市场都要增长得快，各类公司全年要在全国或世界各地举行成千上万次会议。出席会议的范围十分广泛，通常召开的公司会议有下列类型：国际、全国和地区性销售会议（international national & regional sales meeting）、新产品介绍会和零售会议（new product introduction/dealer meeting）、专业技术会议（professional/technical meeting）、管理会议（management meeting）、培训会议（training meeting）、股东 / 公关会议（stockholder/public relation meeting）、奖励会议（incentive meeting）。

公司每年都要在公司内外举行上述的董事会、销售会、管理会议、人员培训会议、股东会议、公关会议及奖励会议等。除此之外，我们还可按照会议召开的区域范围，将公司会议分为国际、地区和国内会议。

协会会议和公司会议是会议市场的主力军，是各会议目的地重点吸引和争夺的细分目标市场。该市场最有利可图，对它们的竞争也最为激烈。随着世界经济的复苏和发展，这一市场将继续有较大的扩展。

③ 国际组织和政府会议：出于政治、经济、文化等原因，联合国、各国际组织，如世界贸易组织（World Trade Organization，WTO）、世界卫生组织（World Health

Organization，WHO）、世界旅游组织（World Tourism Organization，UNWTO）等，以及各国政府每年都要组织举办各种类型、规模和档次的国际性大会、论坛、研讨会等。一般来讲，此类会议都会受到主办国和地区的重视，影响比较大，多是新闻媒体追踪报道的焦点。

④ 其他会议，如工会、政治团体、宗教组织筹备的会议等。

（3）按照会议的地域范围和影响力划分。按照会议的地域范围和影响力划分，可以将会议分为 4 个层次，即国际会议、全国会议、地区会议和本地会议。其中，国际会议是来自不同国家的人们所参加的会议。国际会议的界定尚无统一的标准。（根据 ICCA 的规定，国际会议的标准是：至少有 20%的外国与会者，与会人员总数不得少于 50 名。）由于国际会议在提升举办地形象、促进当地市政建设和经济发展等方面起着巨大作用，世界上各个国家都在积极争取承办国际会议，平均每一场国际会议的申办国家都在 10 个以上。

相对于国际会议，国内会议的定义就容易多了。凡来自国外的与会者人数占出席会议总人数的比例达不到国际会议标准的会议均称作国内会议。

（4）按照会议所属行业划分。按照会议所属行业划分，可以将会议分成医学、科学、教育、农业、环境等类别。根据 ICCA 的统计资料，从专业角度上看，全年举办国际会议的比例从高到低依次为医学类（32%）、科学类（13.6%）、工业类（8%）、技术类（7.4%）、教育类（4.7%），接着是农业、社会科学、经济教育、商业管理、生态环保等类别。

（5）按照会议的营利性质划分。按照会议是否营利，可将会议分成营利性会议和非营利性会议两类。前者主要由专业会议公司或一些营利性的机构来策划和组织，如常见的企业战略研讨会、营销高峰论坛、行业培训会议等，后者如政府工作会议、协会会议、公司内部会议等。

（6）按会议规模划分。根据会议的规模即参加会议的人数的多少，会议可以分为小型会议、中型会议、大型会议、特大型会议。

小型会议：出席的人数少则几人，多则几十人，但是一般不超过 100 人。

中型会议：出席人数为 100 ～ 1 000 人。

大型会议：出席人数为 1 000 ～ 10 000 人。

特大型会议：出席人数为 10 000 人以上，如重大节日庆典、大型表彰、庆祝大会等。

（7）新型和新颖会议类型。除以上提到的会议类型外，还有以下几种新型和新颖的会议类型：玻璃鱼缸式会议、辩论会、角色扮演、网络会议。

① 玻璃鱼缸式会议：这是一种非常独特的讨论会议类型。通常由 6 ～ 8 名与会者在台上或房间中心围成一圈，圈子中间留有一个空座。其他与会者只能作为观众坐在周围旁听,不能发言,只有那些坐在圈子里的人才可以发言。如果有观众想发言，他必须走到圈子里，坐在中间的那个空座上，发言完毕再回到原座位。

玻璃鱼缸式会议通常有主持人参加，他可以参加讨论，也可以只负责保证会议按正常程序进行。由于在会议进行中大部分观众只是在外围观看那些位于圈子中的与会者演讲或讨论，就像在观看鱼缸或鱼箱里的鱼活动一样，所以人们给其取名为玻璃鱼缸式会议。

② 辩论会：是指两个人或两个团体就某一问题展开辩论，一方为正方，一方为反方。例如，我们应当提高服务价格吗，正在开发的新产品对公司是否有利，政府新颁布的政策对旅游业会产生什么影响，国家是否应当争取奥运举办权等任何具有两面性的问题都可以成为辩论会议的话题。

③ 角色扮演：人们一般可能不会想到使用角色扮演这一会议形式。不过，根据讨论话题的不同，角色扮演有时会将一个问题诠释得更好。

在美国亚美酒店所有者协会的年会上，与会者曾经就特权授予人和被授予人之间的调停仲裁问题采取角色扮演这一会议形式。与会者通过这一形式对相关问题进行了详细阐述而不是将其简单诉诸法律。这一方法获得了很大的成功，因为它经过了充分的准备，而且所有仲裁问题，如律师是如何同仲裁人打交道的，又是如何和客户打交道的，都被一步一步解释得非常清楚。另外，还有一名讲解员对案例的背景和事实进行陈述。

④ 网络会议：随着现代科技的发展和广泛运用，网络会议逐渐成为一种新的会议形式。网络会议使用的是一种被称为流动媒体的技术。简单来说，就是预先用录像带把某个事件或活动现场录制下来，然后转换成数字化的视频信号通过电脑接收后送入网络服务器。进入服务器后，人们就可以直接观看或下载供以后观看。这对那些由于各种原因不能参加会议但仍对某些日程感兴趣的人员来说是个福音。由于是通过网络传递，所以不存在时间障碍。网络会议对公司召开培训会议非常有利，有关人员可以不必专程赶往目的地，能够节省住宿、伙食、交通许多种费用。

（二）展览会

1. 展览会的含义

展览会是一种具有一定规模，定期在固定场所举办的，来自不同地区的有组织的商人聚会，综合运用各种媒介的传播方式，通过现场展览和示范来传递信息，推荐形象，是一种常规性的公共关系活动。展览会是一种具有一定规模和相对固定的举办日期，以展示组织形象或产品为主要形式，以促成参展商和贸易观众之间的交流洽谈为最终目的的中介性活动。一次展览会的利益主体主要包括主办者、承办者、参展商和专业观众、普通观众，其主要内容是实物展示，以及参展商和专业观众之间的信息交流和商贸洽谈。

2. 展览会的类型

（1）按展览性质划分。按展览性质划分，展览会分为贸易展、消费展、宣传展。

贸易性质的展览会是为产业即制造业、商业等行业举办的展览。展览的主要目的是交流信息、洽谈贸易。 消费性质的展览是为公众举办的展览，消费性质的展览基本上都以展出消费品，展示参展单位的产品、技术和专利招徕客户，促进生产与销售。通常，人们又将贸易展、消费展等销售型展览会直截了当地称为展销会或交易会。宣传性质的展览会意在向外界宣传、介绍参展单位或其他组织的成就、实力、历史与理念，所以它又叫作陈列会。

展览的性质由展览会组织者决定，可以通过参观者的成分反映出来： 对工商界开放的展览是贸易性质的展览，对公众开放的展览是消费性质的展览。

（2）按展览内容划分。按展览内容划分,展览会分为综合展览和专业展览两类。

综合展览指包括全行业或数个行业的展览会，也被称作横向型展览会，如工业展、轻工业展。

专业展览指展示某一行业甚至某一项产品的展览会，如钟表展。专业展览会的突出特征之一是常常同时举办讨论会、报告会，用以介绍新产品、新技术。

（3）按展览规模划分。规模是指展出者和参观者所代表的区域规模而不是展览场地规模。 按展览规模划分，展览会分为国际展、国家展、地区展、地方展，以及单个公司的独家展。

（4）按展览时间划分。按展览时间划分，展览会分为定期和不定期两种。

定期展览会有一年四次、一年两次、一年一次、两年一次等。

不定期展览会则视需要和条件举办，分长期展览会和短期展览会。长期展览会可以为期 3 个月、半年，甚至常设，短期展览会一般不超过 1 个月。

在发达国家，专业贸易展览会一般是 3 天。

（5）按展览场地划分。大部分展览会是在专用展览场馆举办的。

展览场馆可划分为室内场馆和室外场馆：室内场馆多用于展示常规展品的展览会，如纺织展、电子展；

室外场馆多用于展示超大超重展品的展览会，如航空展、矿山设备展。

在几个地方轮流举办的展览会被称作巡回展。利用轮船、火车、汽车等作为展览场所的展览会，则称流动展。

（6）按参展者的区域划分。按参展者区域，可将展览会划分为国际性展览会、洲际性展览会、全国性展览会、全省性展览会和全国性展览会，往往被人们称为博览会。根据参展单位所属行业的不同，展览会亦可分为行业性展览会和跨行业展览会。

（7）按营利性质划分。按是否营利，展览会可以分为营利性展览会和非营利性展览会。

营利性展览会主要是贸易性展览； 非营利性展览会主要是在博物馆、艺术馆、科技馆举行，虽然也收取一定的门票，但其主要目的是观赏，提高人们的文化内涵和艺术修养。例如，芝加哥建筑基金会就是一个非营利性的组织，致力于发展公众对建筑及设计的兴趣和知识。它提供了一个包括观摩、讲座、展览和教学的综合计划。每日环线步行观摩和该基金会的乘船游览计划可以使人们欣赏芝加哥的著名建筑。

（三）特殊活动

1. 特殊活动的含义

特殊活动是指人们为了纪念某个特殊的事件或者为了满足某种社会群体的特殊需求而精心计划和举办的文体比赛、庆祝仪式、特技表演及节庆活动等。通常包括重大庆典活动、大型文化演出、重要的体育赛事及地区性的节庆活动等。

2. 特殊活动的类型

（1）特殊活动按其规模表现出不同的特点。按照参与人数和其影响的地域范围，可以把特殊活动划分为以下 3 种类型。

① 国际性大型活动：是指那些规模庞大以至于影响整个经济，并在全球媒体中引起反响的活动。奥林匹克运动会和世界博览会是其代表。

② 地区性大型活动：是指范围波及一定的地理和行政区域，主要在一定的区域

内引起较大反响的活动。地区性大型活动能引起地区以外的政府组织、经济组织及媒体的注意，对于提升这一地区的知名度、提供商机并带动经济发展都有巨大的作用。例如，每年 4 月在中国潍坊举办的国际风筝节，吸引了来自世界各国的数千名风筝爱好者前来参加，潍坊市政府利用这一对外交流的优势，树立潍坊形象，招商引资，带动了本地区的经济发展。

③ 地方性节庆活动：是指与一个乡镇、城市或地区的精神或风气相关，并获得广泛认同和知晓的活动。地方性节庆活动一般有一定的持续时间并且是重复发生的活动。它可以在短期或长期内提高某一地区的知名度和吸引力。许多著名的地方性庆典活动享有一定的国际声誉，如美国的肯塔基赛马会、英国的切尔西花展及苏格兰的爱丁堡文化节、中国的龙舟节等，这些活动与这些地点和城市的特点相同，带来巨大的旅游收入、强烈的地方自豪感和国际声誉。

特殊活动已经成为人们生活的一部分，以至于政府、公司和社会团体等都可以组织筹备。

（2）从活动生成部门的角度可以把特殊活动分成以下类型，如表 1.1 所示。

表 1.1　特殊活动的类型

部门			活动类型
政府部门	中央政府		公民庆祝和纪念，如国庆节和诞辰纪念日
	各职能部门	旅游部门	节日、特定兴趣和生活方式的活动，旅游目的地的推广
		会议部门	会议、嘉奖、集会、展览
		艺术部门	艺术节、文化活动、巡展计划、以艺术为主题的展览
		少数民族事务部门	少数民族活动和多文化的活动
		经济发展部门	重点是产业发展和创造工业岗位收益的活动
		地方政府	地方性节日、庆典活动
		体育和娱乐部门	
		其他	体育活动
公司部门	行业协会		产品推广、交易会、会议
	一般公司和大集团公司		推销、产品发布、打造形象的赞助活动
	媒体		媒体推广
社区	俱乐部和社团		特定兴趣群体的活动
	慈善机构		慈善活动和筹款

（3）按活动的营利性质划分。按活动的营利性质，可将特殊活动划分为营利性的活动和非营利性的活动。

活动的营利性、非营利性并没有决然的界限，非营利性的活动通常把提升国家、地区形象，增加社会福利作为活动的首要目的，但由此所引发的后续影响会给主办地区和单位带来巨大的潜在商机。例如，奥运会、世界博览会等特大型活动，每一届的候选城市都要进行激烈的角逐。从非营利角度看，它对于提升一个国家的国际形象，彰显其综合竞争力，凝聚民族精神，有不可替代的作用；从营利角度看，奥运会、世界博览会又是蕴涵无限商机的“金矿”，如果运营得当，奥运会可以通过吸引赞助商、出让转播权、高价销售门票等获得不菲的利润。

二、展商促进服务与管理的研究对象

会展营销是指展览会组织者寻找目标市场、研究目标客户需求、设计会展产品和服务、制定营销价格、选择营销渠道及保持良好客户关系等一系列销售活动的总和。展商促进服务与管理是会展营销中重要的一个分支。以会展项目为中心的展商促进服务与管理的研究对象是：会展的产品和服务；会展的招展；会展的宣传和推广；会展的营销渠道管理；会展产品和服务的定价策略；会展赞助的策划和营销；会展的应急策略；会展客户关系管理。

三、会展产品的内涵

会展产品是指会展企业向会展参加者提供的用以满足其需求的会展活动及全部服务，具有综合性、无形性、不可分割性、不可储存性、异质性等特点。

会展产品是一个整体概念，它是由多种元素组合而成的综合体。会展产品整体构成的主要内涵包括会展服务、会展活动、会展设施、会展延伸或派生的服务等要素。

会展产品包括三大要素：核心会展产品、形式会展产品、附加会展产品。

（一）核心会展产品

展览会的核心功能是为参展商和观众，特别是专业观众提供有价值的交易平台。所以展览会的核心产品由三部分组成：参展商、观众（专业观众和普通观众）、展台（标准展台和特装展台），缺少任何一部分，展览会都无法举办。

（二）形式会展产品

核心会展产品的效用或利益通过一定的形式或载体才能得以实现。形式会展产品则是会展活动，是核心产品借以实现的形式或载体，它是会展产品的第二个层次。核心会展产品是以会展活动为依托，会展活动作为形式会展产品，主要通过会展名称、会展品牌、会展主理、会展设施及会展从业人员的衣着修饰、形态礼仪、语育表达、服务态度和精神风貌等表现出来，主要包括展览会的基本信息、开幕式、研讨会、会刊、广告、特殊活动、品牌和标志。

（三）附加会展产品

附加会展产品有两层含义：一是指会展企业为培育客户忠诚度，提高核心竞争力，向会展参加者所提供的与会展活动直接相关的附加产品，包括会展产品知识介绍、咨询和培训，会展产品的宣传、报道，网上展示，售前售后的服务保证，提供行业相关资料等；二是为满足会展参加者派生需求形成的产品，如会展旅游、会展商业等产品。

通过上述分析可以看出，广义的会展产品是核心会展产品、形式会展产品和附加会展产品 3 个子集的有机集合。3 个层次是相互作用、相互补充、相互支持的关系，只有将 3 个层次统一起来，才能深刻地认识会展产品的本质和内涵。

四、展会的经济收益

会展企业组织展览会的首要目的显然是期望通过为参展商和观众提供贸易的平台而从中获得经济收益。那么现实中可供出售的会展产品和服务的表现形式，也就是可供出售的载体是什么呢？

（一）展位销售

展位是会展中心内供组展商展示商品和技术的空间。通常由组展商按一定价格从会展中心“批发”过来，然后按照一定的要求划分成若干块小空间，“零售”给参展商，中间的差价是组展商的重要收益来源。参展商一般通过两种形式向组展商租赁展位：标准展位和特装展位。

（二）广告销售

展览会举办过程中还可进行广告销售。

（1）会刊广告。会刊是组展商刊登展览会各种信息的印刷媒体，参展商、赞助商可以通过付费的形式在某些刊面上刊登广告。

（2）网络广告。几乎所有的展会都有自己的网站，展览会的网站是参展商和观众了解展会信息的重要窗口。它为参展企业提供了广阔的广告平台。

（3）室内广告。展览会举办期间会展中心室内电梯、走廊、墙壁等处放置的广告。

（4）室外广告。展览会举办期间会展中心室外的广告机会，如空中气球广告、充气拱形门广告、建筑物广告等。

（三）商业赞助

赞助是企业等为了获得在展览会举办期间的宣传机会而向组展商提供资金或实物支持的行为。商业赞助收入是组展商重要的收入来源之一。

（四）入场券销售

一般来说，有观赏价值的展览会需要出售入场券，而这对于组展商来说是一笔不小的收入。

工作任务二

展前客户（参展商）服务

学习目标

- 明确会展主题。
- 根据会展的主题和具体要求撰写招展招商说明书。
- 掌握展会宣传推广的媒介。
- 掌握会展产品的定价方法和技巧，了解会展产品的价格构成体系。
- 设计展会赞助方案。
- 根据不同标准划分展商类型，将参展商数据进行录入、整理、存档等，形成完整的参展商数据库。
- 掌握各种联系方式技巧。
- 联系参展商，解决参展商疑问。
- 分析判断参展商的各种参展目标，统一进行参展商邀请函的制作，选择合适的渠道进行参展商邀请函、展位图、展讯等资料的发放。

任务背景

学习展商促进服务与管理，学生是以小组合作的形式完成。

会展营销人员在开展具体工作之前，必须明确会展的主题及主办方的要求，做好招展招商工作，以期会展达到圆满成功。

首先，小组根据指定的专业展会类型进行选择：体育展、太阳镜展、LED 展、草莓大会、非物质文化遗产展或其他等，可以是国际的，可以是国内的。然后根据展会产业，讨论并确定主题，分工合作，完成招展招商说明书的撰写，包括宣传推广方案、赞助方案、邀请函等内容。

工作任务的具体要求

在工作任务二中，对学生要完成的工作任务，提出具体要求。

请各小组根据上述的任务背景描述，完成以下工作：

- 明确展会主题，要求鲜明，能突出主题的艺术性。
- 完成招展招商说明书，要求全面、明确、重点突出。
- 完成会展广告宣传的定价方案，要求切实可行、有创意。
- 完成展会赞助方案，要求可操作、有新意、能引发赞助欲望。
- 完成参展商申请表设计，要求全面、易懂、人性化。
- 完成展区展位图设计，要求因地制宜、标注详细、设计合理。
- 完成参展商信息的挖掘并录入形成数据库，要求科学合理，真实可靠，查找方便。
- 学会联系参展商的方法和技巧，要求人人都能掌握技巧，即角色扮演的学生能熟练演示技巧，不演示的学生能指出问题或提出改进意见、建议。
- 解决参展商的各种疑问，要求能真实反映现场、从“有利，有益”两个角度解答问题，真实、诚恳。
- 学会写参展邀请函，要求设计精美、内容突出重点。

小贴士：特别提示

“工作任务的具体要求”版块及后述的“能力培养”版块是教师在各小组演示过程中及演示后打分的依据。

项目一

明确展会主题

工作描述

5 人左右为一组，全班 10 组左右。选出组长，组长分配任务，分工合作，通过网络等形式查找有效资料。之后进行小组讨论,确定展会类型及会展名称,并陈述原因。小组成员商讨明确展会主题，并陈述理由。注意：如果两个小组选择同一类型的展会，会使两个小组之间产生竞争，更能激发学生的学习兴趣和工作积极性、主动性及团队合作精神，因此不必要求小组做不同的选择。

活动一　选择展会类型

活动内容

选择展会类型，包括：体育展、太阳镜展、LED 展、草莓大会、非物质文化遗产展或其他展览等。小组成员分工合作，通过上网或其他方法查找指定的展会类型资料，确定会展名称并陈述选择该展会的原因。展会类型及名称一旦确定，在后续的工作任务中将不再更改。

活动引导

一般展会都建立各自的网站，只要通过搜索引擎，找到相应的网站，即可收集到很多相关信息和资料。通过相关链接，可以了解指定展会的情况，为撰写招展方案等打好基础。

需查阅的内容：① 相关展会的资料是否丰富；② 相关展会的信息是否全面；③ 相关展会的历届举办情况；④ 相关信息、资料等是否对小组选择的展会有参考价值等。

经小组讨论，确定展会类型。

这些都要一一做好记录，为该展会的选择理由或过程的演示、讲述提供依据，做好汇报。

演示形式：口述（推荐）、PPT 或其他形式。

汇报形式：以小组形式汇报。

在学生查阅、讨论、商定过程中，教师及助教要做好指导、指点工作，并为每个小组的演示打分、点评、提出改进意见或建议。

最后，各小组将活动一的成果自行保存。保存地址、保存时使用的名称小组自定。活动一的成果将是课业（展前工作任务的课业）中的一部分。

能力培养

通过完成此次活动任务，培养学生的各方面能力：① 抉择能力；② 团队合作精神；③ 解决冲突的能力；④ 参与能力；⑤ 沟通能力；⑥ 利用网络，运用 Word、Excel、PPT 等办公软件的能力；⑦ 语言表达能力；⑧ 自信、勇敢的精神；⑨ 抗压能力。

理论知识学习

展览会的名称一般包括三个方面的内容：基本部分、限定部分和行业标志。例如，“第 93 届中国出口商品交易会”，如果按上述三方面内容对号入座，则基本部分是“交易会”，限定部分是“中国”和“第 93 届”，行业标志是“出口商品”。

下面分别对这三个部分的内容进行解释说明。

（1）基本部分。用来表明展览会的性质和特征。常用词：展览会、博览会、展销会、交易会和服装节等。

（2）限定部分。用来说明展会举办的时间、地点和展会的性质。

展会举办时间的表示办法有 3 种：一是用“届”来表示；二是用“年”来表示；

三是用“季”来表示。例如“第三届大连国际服装节”、“2003年广州博览会”、“法兰克福春季消费品展览会”等。在这3种表达办法中，“届”最常见，它强调展会举办的连续性。刚刚开始举办的展览会一般用“年”来表示。展览会举办的地点在展览会的名称里也要有所体现，如“第三届大连国际服装节”中的“大连”。展览会名称里体现展览会性质的词主要有“国际”、“世界”、“全国”、“地区”等。例如，“第三届大连国际服装节”中的“国际”表明本展会是一个国际展。

（3）行业标志。用来表明展览题材和展品范围。行业标志通常是一个产业的名称，或者是一个产业中的某一个产品大类。例如，“第三届大连国际服装节”中的“服装”表明本展会是服装产业的展会。

相关链接

一、中国体育60年辉煌成就展

为庆贺改革开放以来，体育事业的辉煌历程、伟大成就和宝贵经验，国家体育总局和第十一届全运会组委会决定：2009年10月16—22日在济南国际会展中心举办“中国体育60年辉煌成就展”。

该次展览，是新中国成立以来第一次利用举办全运会的机会，邀请各省、自治区、直辖市、计划单列市和解放军、行业体协、新疆生产建设兵团等单位参加并组织举办本地区、本系统60年来群众体育、竞技体育、体育产业及体育文化发展的成就，包括涌现出来的各类优秀体育管理者、教育者、组织者、科技工作者等。

展览使各界观众在美丽的泉城观赏运动员角逐赛场的同时，有机会了解和认识60年来，我国各地方、各个民族体育发展的面貌，从另一个角度，反映各地方、各行业、各系统体育发展的成就。这实际上也是一场“体育文化竞赛”。展览期间有参观全运会的各界人士前往，使其成为全运会赛场之外的另一大亮点。

该次展览由山东济南国际会展中心提供3.35万平方米展区。除设立一个国家体育总局的综合展区以外，为每个省、自治区、直辖市和计划单列市免费提供50平方米展位，力求让各个地方展示本地区60年来发展的概况。除此之外，该展览还采用市场运作的方式，广泛邀请各类企事业和其他单位参加。该展览还设置了体育文化、体育教育、体育科技、体育产业等展区，为广大企事业单位和商家服务。

该次“成就展”是北京奥运会后中国体育界的一次具有深远意义的集中大检阅，

参展内容涵盖了体育及相关的各个领域和行业，内容丰富。在展会期间，同时举办了“中国体育的现在与未来”、“以文化的方式建立独特核心价值的中国体育品牌”为主题的论坛和形式多样的互动活动。

二、2011 年第 19 届香港眼镜展

展会时间：2011 年 11 月 3—5 月；所属行业：其他展会；所属专题：眼镜；展会场馆：香港会议展览中心；组织单位：香港贸易发展局。

香港眼镜展是亚洲首屈一指的业内洽商交易平台，筹办专业，展品繁多，声望较高。

香港眼镜展网罗业内各种各样的产品，因此该次眼镜展特别辟设多个展区，把展品分门别类，让买家更易找到目标参展商。无论参展商希望推介哪类新产品，如款式时尚的验配眼镜、太阳眼镜、护目镜、运动眼镜、其他专用眼镜、镜片、隐形眼镜、零件与配件、眼镜盒、眼镜架、包装物料、化学物或先进的验光配镜仪器、设备和机器等，定有一个展区可配合所需。该次展会具有以下特点。

1. 品牌系列、全场焦点

名闻遐迩的“品牌廊”自 2009 年首次登场以来，规模有增无减。2011 年，布置美轮美奂的“品牌廊”汇聚了更多知名品牌，参展商无论展出原创品牌还是特许品牌均格外惹人注目。在 2010 年的展览会上，共有来自 19 个国家及地区逾 90 个品牌于“品牌廊”展出，齐放光芒。

眼镜汇演是一种创新吸引的展示方式，模特儿佩戴“品牌廊”参展商提供的产品，穿梭往来，让买家细意欣赏观摩。

2. 内容充实、目不暇接

该次香港眼镜展节目丰富，内容精彩。第 13 届香港眼镜设计比赛的得奖作品在眼镜展内展出，彰显了这些才华出众的年轻设计师的无限创意，令人眼界大开。

第 9 届香港视光学会议是该次香港眼镜展的重要一环，来自全球各地的业内专家云集一堂，分享经验知识。同时该次香港眼镜展举办了多场研讨会，为从业者了解最新市场资讯、产品潮流及科技趋势提供良机。

3. 场馆位置、方便之至

香港会议展览中心位处香港其中一个最繁盛的商业区内，附近酒店、餐厅、商店及娱乐场所林立，为参展商提供一应俱全的服务及设施，有利营商。

4. 展品范围广

隐形眼镜、镜框及镜架、镜片、眼镜配件、护目镜、运动眼镜、太阳眼镜、视光仪器、眼镜盒及眼镜袋、相关之机械及技术、相关之化学原料、相关之包装物料、相关之服务及专业刊物。

三、国际 LED 展

近几年 LED 产业在中国及全球得到飞跃发展。中国是全球 LED 产业最大的制造基地，深圳 LED 就占领全国近半壁江山。2008 年奥运会期间，LED 的广泛应用将该行业在全球推至一个全新的高度。中国政府十分重视推进节能减排，在举办 2010 年世界博览会、亚运会及 2011 年大学生运动会后，全球对 LED 有了更多的认知及应用，LED 产业在中国及全球的发展拥有广阔前景。北京、上海、深圳、广州都争抢举办 LED 展会。

（一）第十届中国国际 LED 展览会

2012 年 8 月 29 日—31 日第十届中国国际 LED 展览会在中国国际展览中心（老国展）举办。

展会介绍：北京国际 LED 展览会 (简称 BILE) 是 led 领域的专业盛会，由北京世博联展览服务有限公司创办于 2003 年，固定在北京召开，举办周期为一年一届，至今已举办九届，共吸引了三十多个国家和地区的三千多家企业参展。邀请的历届观众及参展商主要来自中国、德国、法国、英国、美国、意大利、澳大利亚、丹麦、西班牙、加拿大、日本、韩国、新加坡、科威特、伊拉克、印度、巴基斯坦、伊朗、越南等国家和地区，包括经销商、代理商、贸易商、生产商、进出口公司、国际贸易公司等买家以及众多工业行业的有关人士。BILE 业已成为华北地区参会效果最好、影响力最强的专业盛会，也成为国内外企业开拓海外市场的一个对接平台。为国内外企业开拓国内和国际市场，为买方和卖方市场沟通和增进交流起到了积极的推动作用。

主办单位：中国新能源科技产业协会 LED 专业委员会。

承办单位：北京世博联展览服务有限公司。

协办单位：中国商务广告协会。

支持单位：新传媒产业联盟、北京电子商会、中国饭店协会、中国城市影院发展协会、北京房地产业协会。

展品范围：LED照明（交通信号、汽车、矿业、建筑、景观等）；LED显示屏；LED广告光源及立体发光字、LED霓虹；LED封装及配套材料；发光二极管（LED）及大功率器件；LED背光源；LED外延片、芯片、磊芯片及相关基材；OLED（有机发光二级管显示器）、LD（激光二极管）、EL（冷光源）等；LED制造设备及测试仪器。

参展费用：

标准展位（9 m^2）	标改展位（9 m^2）	室内光地收费（36 m^2起租）
国内企业 RMB 9 800 元	国内企业 RMB 12 800 元	国内企业 RMB 1 000 元 /m^2
国外企业 $ 3 000 元	国外企业 $ 4 000 元	国外企业 $ 300 元 /m^2

媒体广告：请柬广告每1 000张收费3 000元； 独家广告收费30 000元；参观券广告每10 000张收费5 000元；独家广告收费60 000元；资料袋广告每1 000个收费4 000元；独家广告收费38 000元。

会刊广告：彩色封面25 000元；彩色封底20 000元；彩色封二18 000元；黑白内页3 000元；扉页18 000元；彩色封三15 000元；彩页内页5 000元；文字整版1 500元；文字半版500元；会刊尺寸：210 mm × 285 mm，若有其他需求请与组织单位联络。

技术交流讲座： RMB 6 800元 /3小时。

参展申请程序：① 请按要求填妥参展申请表加盖公章邮寄或传真至组织单位，并于一周内将参展费用的50%定金或全款汇至组织单位，请将银行汇款底单传真至组织单位，余款于2012年7月28日前付清；② 展位分配原则：先申请，先付款，先安排。双面开口展位加收10%费用；③ 组织单位在收到展台费用后，将于2012年7月28日前寄《参展手册》（详细说明所有参展手续及注意事项，包括：签证、日程安排、展品运输、酒店接待、租赁设备等事项）。

（二）2012年深圳国际LED展览会

主办单位：中国电子器材总公司、深圳LED产业联合会。

承办单位：中电会展与信息传播有限公司。

支持单位：中华人民共和国国家发展和改革委员会、国家半导体照明工程协调领导小组办公室、国家半导体照明工程研发及产业联盟、中国照明学会、中国照明电器协会、美国光电子行业协会、日本光产业技术振兴协会、韩国光产业协会、韩国 LED 与固态照明学会、台湾光电科技工业协进会、香港光电协会。

支持媒体：《深圳 LED》、深圳 LED 公共信息网、中国 LED 商情网、《照明技术与设计》、《LED 制造》、《国际 LED 技术》、《LED 专刊》、中国 LED 报、《LED 世界》、《中国光电产业》、《国际照明》、《现代照明》、《发现资源》、《国际 LED 制造》、《LED 照明与显示》、《建材周刊》、中国 LED 网、阿里巴巴、国际 LED 资讯、66LED 导航、中国广告器材网、环球资源、全球买家网、阿里巴巴、中国广告器材网、全球买家网、全球 LED 网、中国 LED 技术网、中国广告网、中国半导体照明网、中国照明网等。

展览会介绍：为进一步推动 LED 产业的科技创新和广泛应用，以“绿色照明，绿色世界”为主题的中国 LED 展，是由中国电子器材总公司和深圳 LED 产业联合会共同打造的代表中国 LED 产业水平的专业盛会。2011 中国（深圳）LED 展览行业较具权威的主办、协办、支持和承办单位，倾力打造 LED 照明、LED 显示屏、LED 封装、LED 芯片、LED 广告光源及 LED 设备等领域的一站式商贸采购平台，致力发展成为中国最具权威性、专业性强、规模大、展示实物多、最具行业影响力的国际化专业展会。

海外合作：承办单位与美国、日本、韩国、俄罗斯、澳大利亚、印度、新西兰、中国台湾等多个国家和地区的行业组织、品牌企业、国际传媒和海外组展单位和公司建立长期合作关系，吸引更多的海外企业组团前来参展参观。

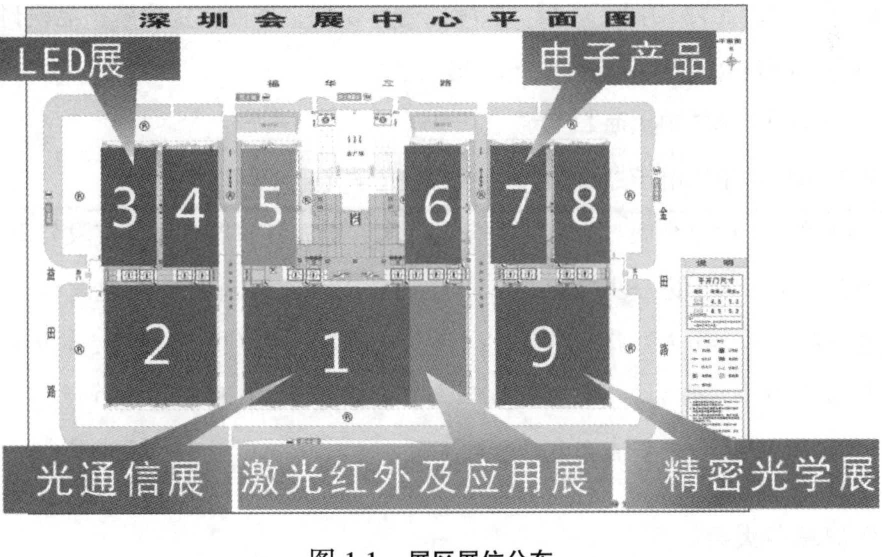

图 1.1 展区展位分布

展览范围：一站式采购，满足上中下游产业需求。具体包括：LED 照明（LED 路灯 / 隧道灯、LED 户外 / 室内照明、LED 交通 / 汽车灯、太阳能 LED 灯及 LED 灯饰配件等）、LED 显示屏（户外 / 室内显示屏、全彩 / 双色 / 单色显示屏、控制系统、LED/LCD 电视等）、LED 广告光源（发光字、标识、招牌、模组、灯箱、灯条、护栏管、霓虹灯、控制器等）、LED 芯片（外延片、磊芯片及相关基材等）、LED 封装及配套材料（贴片 LED、大功率 LED、数码管、点阵模块、有机硅、环氧胶、荧光粉、基板、IC 等）、LED 背光源（手机、MP3、DVD、液晶、电脑等背光源）、LED 制造设备及测试仪器（点胶机、固晶机、焊线机、分色 / 分光机、切脚机、光谱检测仪、净化设备等）、OLED（有机发光二极管）、LD（激光二极管）、EL（冷光源）、激光传感器等。

展览价格：RMB 10 000 元 /9m^2 标准展位，RMB 1 000 元 /1 m^2 光地。

展区展位分布如图 1.1 所示。

（三）第八届广州国际 LED 展

第八届广州国际 LED 展（led china 2012）于 2012 年 2 月 20—23 日于广州·中国进出口商品交易会琶洲展览馆 b 区举行，展出面积将达 70 000 m^2，参展企业超过 1 100 家。其中，LED 照明展区占三大展馆，30 000 m^2，有超过 600 家的 LED 照明厂商分别展示 LED 路灯、太阳能 LED 灯、日光灯、装饰灯等各种室内外 LED 照明新品及发展趋势，备受业界关注。

同期活动：2012 中国（广州）国际广告标识展；展商自定主题产品研讨会、新品发布会；LED 及 LED 照明行业技术交流论坛。

（四）2012 年中国上海 LED 展

主办单位：中国电子器材总公司、中国光学光电子行业协会。

承办单位：中电会展与信息传播有限公司、上海江东展览服务有限公司。

展会介绍：为了进一步推动 LED 产业的科技创新、自主产业链建设和广泛应用，中国电子器材总公司主办此次展会，以“助力中国芯”为主题，集聚权威的指导、主办、协办和承办单位，倾力打造 LED 芯片、LED 封装、LED 材料、LED 设备、LED 应用等领域的一站式技术交流和市场贸易平台。

四、世界草莓大会

世界草莓大会由国际园艺学会发起，是全球草莓界的最高级别盛会，每 4 年举办一次，迄今已成功举办了 7 届。前七届的举办国分别为意大利、美国、荷兰、芬兰、澳大利亚、西班牙和中国。世界草莓大会是展现世界最新科技前沿成果的学术盛会，也是引领世界草莓产业发展趋势的风向标，具有广泛的国际声誉和影响力，被誉为“草莓界的奥运会”。每一届大会都有力地推动了举办国草莓产业与科技的发展。

（一）前六届草莓大会情况

第一届：1988 年在意大利举行，使意大利自育草莓品种的占有率由不足 30% 一跃上升到 80%，成为欧洲第二大鲜草莓生产国。

第二届：1992 年在美国举行，促进美国草莓科研与生产的快速发展，并一直保持世界领先水平。

第三届：1996 年在荷兰举行，促进了荷兰红花草莓育种和观赏草莓业发展。

第四届：2000 年在芬兰举行，促进了芬兰有机草莓生产和观光采摘业发展。

第五届：2004 年在澳大利亚举行，使澳大利亚由草莓进口国成为草莓出口国。

第六届：2008 年在西班牙举行，使西班牙成为世界鲜草莓第一大出口国。

（二）第七届世界草莓大会

1. 第七届草莓大会简介

第七届世界草莓大会于 2012 年 2 月 18—22 日在北京市昌平区举行。

第七届世界草莓大会由学术会议和综合博览活动组成，在学术研讨交流的基础上，进行新成果展示、产业投资洽谈等活动，进一步丰富大会内容。

第七届草莓大会的主题为“健康、发展、共享”，寓意新鲜草莓、健康生活、共同发展。为更好地带动昌平草莓产业发展，第七届世界草莓大会突破了往届办会模式，创造性地将学术会议与博览活动紧密结合，按照“交流合作，共享发展”的办会理念和“以会兴业、以会兴城、以会惠民”的办会宗旨，全力打造世界一流的草莓科技创新和产业化平台、全国领先的现代草莓种业基地，形成以“草莓文化”为核心的城市文化品牌体系。大会采取“一区、一场、一园、两中心”的办会模式，即精品草莓产业示范区、主会场、草莓博览园、培训展示中心与加工配送中心。草莓文化创意活动主要包括为“草莓博览园”及加工配送中心和培训展示中心的会期功能、会后利用等提出有特色、合理性的创意内容；围绕“草莓景观大道”整体景观设计、丰富景观内容、增加文化内涵及会后开发利用提出创意内容；开发特色文化创意项目及产品等，突出中国文化、北京特点和昌平独有的文创资源。

大会的口号是“草莓，让生活更甜美”。

第七届世界草莓大会的会徽以一颗新鲜味美、色泽丰润艳丽的草莓果为主体，形象演绎了“健康”和“甜美”。世界奇迹之一的中国长城像一条金丝带飘荡在其中，以经典的中国元素暗示了本届草莓大会的举办地。草莓果粒以北斗七星形状镶嵌其中，不仅意寓全球各大洲业界精英相聚在中国，相聚在北京，同时也显示出本届大会对全球草莓产业及中国草莓经济的发展指引了方向。侧面的几颗星星烘托了整体喜庆、热烈、欢聚的氛围。

图 1.2　吉祥物康康

第七届世界草莓大会的吉祥物康康如图 1.2 所示。

康康，取健康、安宁、丰盛之意，表达绿色健康、和谐安康的寓意，体现北京昌平草莓的健康品牌形象。以一颗鲜美润泽的倒立草莓为主体，高度卡通化后成为一个精灵、欢乐、亲切、可爱的娃娃形象，果蒂和枝叶以卡通化的手法成为吉祥物的领结和四肢。吉祥物张开双臂，寓意拥抱世界，以欢迎的姿态迎接全球来宾，轻盈欢快的脚步象征锐意进取和对未来美好生活的不断追求。

2. 第七届草莓大会的具体内容

第七届世界草莓大会包括国际草莓产业展、国际草莓风情展、草莓科普文化展、中国草莓科技展、日光温室草莓产业展 5 个部分。

（1）国际草莓产业展。以草莓产业链为主线，采取室内外展示相结合的方式，分别展示品种与育苗、栽培与管理、储运与加工、保障与配套、农业机械、商贸洽谈 6 个主题内容。展示面积 20 000 平方米。具体内容如下。

① 品种与育苗展示，参展名额 30 家。包含国内外最新品种展示和不同特点育苗技术展示；国内、国外草莓的主要品种的展示、苗育技术、设施设备展示，如日本、欧美、中国自主知识产权等优秀品种。

② 栽培与管理展示，参展名额 100 家。包含栽培技术、病虫害综合防治技术、土肥管理等其他配套技术、设施、设备。集中展示最先进的农业生产资料及配套设施。重点邀请经销商和规模种植户到会场参观，加快草莓产业技术提升、推动新型农资技术的应用与推广，如复合肥、控释肥、氮肥、磷肥、钾肥、有机肥、生物肥、专用肥、叶面肥、液肥、微肥、各类菌肥、环保肥料、土壤改良剂、表面活性剂、原料厂家及新肥料；杀虫剂、杀菌剂、杀鼠剂、除草剂、植物生长调节剂、生物农药、保鲜剂、植物激素、农药及中间体、生物防治技术、卫生杀虫剂、新农药等。

③ 储运与加工展示，参展名额 100 家。包含保鲜存储、冷链运输与草莓粉、草莓汁等深加工技术展示，具体如下。

各类保鲜及物流技术设备：速冻及干燥设备、冷冻集装箱、温度控制系统、气调贮藏保鲜设备、通风设备、各式食品保鲜柜、压缩机组、微波保鲜设备、辐照保鲜设备、高温杀菌设备、气调保鲜包装、各类保鲜储藏新技术和材料，保鲜剂、干燥剂、脱氧剂、防腐剂、保鲜薄膜、自动杀菌净手器、消毒液、无菌生产设备等。

各类分选、包装技术设备，如果蔬分选机械、设备包装材料和机械设备、水果分选包装加工设备、果蜡、包装纸箱及纸箱生产设备、包装托盘、连续拉伸真空包装机、标签、专用贴标设备、条码打印设备、包装机械设备、自动化称量设备、填充、封口成型、各种容器等。

各类发酵设备技术、各类压榨技术设备等；各类专用加工技术设备，如果蔬汁加工机械设备，罐头、果脯生产线，果蔬切丁机，果蔬切菜机；高新深加工技术设备，如超临界萃取技术、微胶囊技术、膜分离技术、挤压膨化技术等相关设备。

④ 保障与配套展示，参展名额 30 家。包含各类检测仪器，如测氧仪、气相色谱仪、温度检测仪器设备等，以及太阳能技术。

⑤ 农业机械展示，参展名额 40 家。包含与草莓育苗、生产相关的耕作机械、设施，如卷帘机、微耕机等机械设备；农膜、植保机械、灌溉设备、温室设施、农化仪器、组织培养和工厂化育苗设备、采摘收获机械等、各类拖拉机、自动灌溉设备、割草机等。

⑥ 商贸洽谈。包括商贸洽谈、项目签约、新闻发布、专题活动、专题会议等。在会期分 3 天共 5 次专场会议，即新型科技专场（农药、肥料）、有机食品及精深加工专场、市场贸易专场、农业信息化专场、新品种发布专场，每场 5 名或 6 名政府官员、企业代表、技术专家讲座、专业观众 50 ～ 80 人参加。

（2）国际草莓风情展。按照国家和地区分类，展示各国的新、优、名草莓品种，各具特点的栽培方式，以及区域草莓文化风情。

（3）草莓科普文化展。设置了草莓大道、草莓天瀑、草莓工厂、草莓空间 4 个展区，融草莓技术装备、历史文化、科普知识于一体，构建参观者互动式草莓体验馆。

（4）中国草莓科技展。主要展示野生草莓品种及红花草莓、中国自育草莓品种、立体基质栽培、土壤消毒技术等方面的最新科技成果。

（5）日光温室草莓产业展。充分展示了中国农民创造的，体现低碳、节能、环保理念的日光温室在草莓产业中的具体应用。

五、第三届中国成都国际非物质文化遗产展

非物质文化遗产——人类文明之源，世界大观之始，在其不断发展与传承的过程中，为人类提供着源远流长的生命涵养。成都国际非物质文化遗产博览园，于全球之先，开创纵览世界文明的东方时代。以最清晰的文化脉络、最具前瞻眼光的文化载体、最具价值的商业规划，凝练对话世界的文化强音，恢弘“非遗之都”的成都战略。成都，将诚邀共识于文化传承与发展的各界精英共襄盛举，并以此光扬文明之源，创领时代精神，以成都的名义，感动世界！

贯穿整个会期的非遗博览会以展览、展销和活态展演等多种方式，全面生动地博览了124个国家入选联合国教科文组织人类非遗代表作的232个项目以及入选国家级非遗保护名录的1 028个项目。在规模空前的非遗产品展销会中，本次共展示了全国27个省、直辖市、自治区及加拿大、澳大利亚等5个国家的近200余项非遗项目。而四川省非遗大展更展示了四川省21个市、州非遗项目，展示四川省多姿多彩的非物质文化遗产资源和非物质文化遗产保护成果。

非遗节期间，博览园还举行了国际友好城市、甘孜州、阿坝州、宜宾市、南充等12个主题日活动，上演14场民族传统艺术舞台表演，展现国内代表性非遗项目、四川省各市州及成都国际友城的非遗文化魅力。

在博览园世纪舞广场举办的第三届国际非遗节闭幕式晚会，更将以丰富多彩的文化展演、现代时尚的科技舞台魅力，把非遗节精彩推向最高潮。您不仅可以吃到巧巧饭，还可以学到非遗知识，还可以看到非遗表演——重庆铜梁龙舞。在本次国际非遗论坛上达成的《成都倡议》将永久落户国际非遗博览园，并举行隆重的揭碑仪式。

活动二　设计展会主题

活动内容

各小组根据选择的展会类型，讨论并设计展会主题，要求鲜明，能突出主题的艺术性。确定自己小组既定的展会的主题名称，并讲述构思过程或理由。

活动引导

学习理论知识；通过搜索引擎、各展会网站或其他方式，收集此次活动任务的有关信息和相关资料。在对以往历届展会或其他展会等情况有一定了解之后，综合小组成员意见，确定展会的主题名称，并讲述构思过程或理由。

学习理论知识：① 展会主题内涵；② 展会主题策划的知识。

小组成员分工合作，收集的内容：① 往届展会的主题；② 往届展会主题的构思思路过程；③ 往届展会的主题确定的理由。

经小组讨论，确定：展会的主题。

这些都要一一做好记录，为展会主题的演示、讲述提供依据，做好汇报。

演示形式：口述（推荐）、PPT 或其他形式。

汇报形式：以小组形式汇报。

在学生查阅、讨论、商定过程中，教师及助教要做好指导、指点工作，并为每个小组的演示打分、点评、提出改进意见或建议。

最后，各小组将活动二的成果自行保存。保存地址、保存时使用的名称小组自定。活动二的成果将是课业（展前工作任务的课业）中的一部分。

能力培养

通过完成此次活动任务，培养学生的各方面能力：① 创新意识；② 抉择能力；③ 团队合作精神；④ 解决冲突的能力；⑤ 参与能力；⑥ 沟通能力；⑦ 利用网络、运用 Word、Excel、PPT 等办公软件的能力；⑧ 语言表达能力；⑨ 自信、勇敢的精神；⑩ 抗压能力。

理论知识学习

一、展会主题的内涵

（一）展会主题的含义

展会主题是展会的中心思想，是展会的精髓，是统领展会各个环节的“纲”，是展会的指导思想、宗旨、目的要求等最凝练的概括与表述，是整个展会过程所反映的经济、政治、文化等社会生活内容的中心思想。它是展会的主办者传达给参展商和公众的一个明确的信息，同时也是社会了解展会的首要方面。

世界博览会的主题列举如下。

1933 年美国芝加哥世界博览会：一个世纪的进步；1970 年日本大阪世界博览会：人类的进步与和谐；2000 年德国汉诺威世界博览会：人类—自然—科技—发展；2005 年日本爱知县世界博览会：自然的睿智；2010 年中国上海世界博览会：城市，让生活更美好；2015 意大利米兰世界博览会：给养地球，生命的能源。

（二）展会主题的艺术化

无论是会议还是展览，都需要明确的主题，展会主题鲜明是展会运作专业化的重要表现之一。

展会主题应简练、新颖、流畅、易记、上口，并能很好地表达出活动意图。

二、展会主题策划的概述

（一）展会主题策划的含义

展会主题策划是策划展会主题并围绕主题策划展会活动的过程。要运用多种思维方式，结合宏观形式的变化，发掘展会举办者的自身优势，注重资源的整合，才能策划出新颖独特的展会，培育品牌展会。

（二）展会主题策划的特点

1. 时效性

时效性即“抢眼”。展会的主题与时代的发展紧密结合，才能吸引观众的眼球。因为国际与国内所发生的一系列大事是全球政治、经济、文化的综合反映，关系到全人类的命运，也影响和改变着人们的生活，所以展会的主题应该能够反映世界宏观形式的变化和思想意识的转变。

例如，2003 年春天，突如其来的 SARS 降临中华大地。为了较全面地反映全国人民万众一心、众志成城抗击 SARS 的壮丽场面，进一步弘扬中华民族守望相助的民族精神，普及防治传染病的知识，增强公共卫生意识，2003 年 7 月 16 日，上海科技馆举办大型系列科普教育活动“科学与健康同行——SARS 的启示”主题展。围绕同名主题，上海科技馆在之后一个月的时间内开展了多种主题活动，共分 3 个展区：一是“SARS 风暴”，二是“人与传染病”，三是“人与健康”。

2. 独特性

展会主题策划必须有崭新的创意。策划的内容必须新颖、奇特、扣人心弦，使人产生新鲜、有趣的感觉。现代社会是信息爆炸社会，人们对许多新鲜事物已经司空见惯,很难提起兴趣。因此,展览会的主题必须新颖独特,才能吸引人们的眼球。《孙子兵法》有云:“凡战者,以正合,以奇胜。故善出奇者,无穷如天地,不竭如江海。”

3. 刺激性

展会主题能够激发消费者的欲望。展会主题具备一定的冲击力、震撼力，使参与者产生强烈的共鸣。例如,西班牙的“奔牛节”,既突出了西班牙的斗牛文化特色，又迎合了青年人寻求刺激的心理，参与者可借此机会宣泄狂欢一番，因此每年都吸引世界各地的许多游客参加。

在确定展会主题时，必须进行详细全面的社会调研，了解当前社会的前沿文化，熟悉人们热切关注的社会事件，并透彻分析人们的需求心理，从而选择创新、奇特的展会主题来吸引更多的目标观众群体。

4. 通俗性

“凡大道至简致易”，将策划概念经过提炼加工成展会主题，使之通俗易懂，能够为广大传媒和公众接受，能够深刻地反映事物的木质。展会主题简单明快，朗朗上口，易于被公众理解接受，才能得到广泛传播。

（三）展会主题策划应避免的倾向

无论展会主题具有什么样的特色，展会主题策划都应避免以下几种倾向。

第一，同一化。展会主题与别的主题类似，使公众混淆不清。

第二，扩散化。主题太多，多主题意味着没有主题。

第三，共有化。策划主题没有鲜明个性，同一主题有时为一个策划服务，有时为另一个策划服务。

所以,一个策划必须有明确的主题,策划如果偏离了主题,就成了无目的的拼凑。

（四）展会主题策划的原则

1. 结合宏观形势的变化

（1）展会主题的策划就是谋求一种有利的形势，综合利用政治、经济、文化及国际等各方面的有利因素，使所策划会展项目的地位、规模和成效都得到提高。宏观形势在不断变化，展会主题的策划要在形势的不断改变中寻求和建立优势，发挥优势，保持和强化优势。

（2）应根据形势的发展变化决定行动的最佳时机，对展会主题进行时间筹划。优秀的策划都预先洞察到推行的时机。在这个问题上，存在两种截然相反的时间运筹效应：一种倾向是一些展会应尽力与其他展会在时间上错开，尤其是当竞争对手是一些知名的大展会时，更要避其锋芒，避免在争夺参展商的环节上两败俱伤。另一种倾向则是所谓的“扎堆”效应，即针对当前比较热门的主题展会，借着消费者热情高涨的时机，在异地举办相同题材展会，也会收到很好的效益；或者是依托一些较成功的大展，在大展举办前期举办与大展产品相关的产品和行业的展览，也会收到意想不到的效果。但在时间的运筹上，必须要避免出现在同一时间、同一城市举办相同主题的展会的恶劣情况，这是会展市场中典型的重复办展、无序竞争、恶性竞争的情况，对于我国会展业的发展是极其不利的，这种情况目前在我国各城市都有出现，必须采取有力措施，加以解决。

2. 突出展会举办者的竞争优势

每年在我国都要举办几千场展会，在激烈的市场竞争中要想站稳脚跟，需要努力挖掘和正确评估自己所具有的竞争优势，对于策划者而言，要注意两个方面。一方面要突出展会举办城市的特色。这些特色一般包括：

（1）产业优势。一般的选择展会的展览题材，要根据展会举办地的经济结构、产业结构、地理位置、交通状况和展览设施等条件确定。展会的策划要依托展会举办地的产业优势，考虑本区域的优势产业和主导产业，以及国家或本地区重点发展的产业和扶持的产业。

（2）文化特色。努力挖掘会展所在城市的文化底蕴，提炼会展主题，策划具有当地民族特色、反映当地风土人情的展会。另一方面，策划者要明确自身的办展目标和资源，如杭州寺丝绸展、西湖展；义乌小商品展等。

3. 办展机构必须清楚认识自己的优劣势

如果某机构在某一行业内毫无优势可言，那么，即使该行业再适合办展，该办展机构进入该行业也需要慎重。同时，在进入某一行业办展之前，办展机构首先必须明确自己的办展目标，如举办该展会是着眼于利润目标还是社会效益目标，是为自己的长远利益打算还是为眼前利益着想，等等。只有目标明确了，行动才更有说服力，才更有成功的保障。所以，在会展主题策划中，策划者除了具备策划的理论和相关的信息外，还必须对办展机构的优劣势有清醒的认识，然后扬长避短，做出选择。通过对细分市场的评估，策划人员可以发现一个或几个值得办展机构进入的行业，办展机构可以根据自身的实力选择进入一个或几个行业举办一个或几个专业展会。选定进入的行业以后，策划人员下一步就是要决定哪些具体题材可以作为展会的展览题材了。

4. 注重资源的整合

展会策划者在策划新项目时，必须更新资源观念，重新认识现有的会展资源，在充分利用、挖掘其资源优势的基础上，推动展会资源的优化组合。目前，我国的展会项目呈现日益专业化的趋势。专家指出，展会越专业化，相应的观众数量就越少。倘若能在强化展会专业化的同时，注意研究各专业展会间的内在联系，将相关主题的展会进行整合，是一件使各方都能受益的事情。会展本身就是将多种要素结合在一起创造产品的过程。而主题策划就是在资源的重组中创造机会。例如，“会展教育培训和理论研讨会”就将会展教育、会展培训、会展理论研究结合在一起，从而将会展研究机构、教育部门、会展高校、会展培训基地、政府部门、会展公司等聚集一起研讨问题。

5. 综合灵活使用多种思维方式

主题策划作为一种认识方法，与思维形式有着直接的关系，有什么样的思维形式，就有什么样的策划方法。把握以下几种思维关系，对提高会展主题策划水平大有裨益。

（1）宏观思维与微观思维

宏观思维是把事物放在广阔的范围内观察分析，从整体、大局上认识事物。微观思维侧重于对事物局部、重点进行深刻分析，从事物的个性出发了解事物特点。把两者结合起来，看问题、分析问题就有广度和深度。

（2）顺向思维与逆向思维

顺向思维是按照事物的发展脉络来认识事物的方式。理清事物在时间上的联系，比较事物前后阶段的变化都离不开它。逆向思维反其道而行之，具有创新、独出心裁的思维特点。

（3）求同思维与求异思维

要抓住事物的特点，求异思维具有优势，但它只能找出事物的个性。要发现事物的共性，就必须运用求同思维。

（4）平面思维与立体思维

平面思维的范围限于一个层次，在事物的横向比较和一个方面的比较中广泛使用。它对于认识一个层次内事物的异同有着特殊作用。立体思维是平面思维的有机组合，是多层次多侧面的思维方式。策划中运用立体思维方式，能够从不同的方面认识事物，抓住其本质。

（5）动态思维与关联思维

动态思维是根据事物的发展变化不断调整认识角度和取向的思维形式，侧重于从运动中研究事物的性质。关联思维则是指从事物的内部联系、外部联系、同一事物不同方面的联系、不同事物彼此间的联系中了解事物的认识方法。动态思维与关联思维的关系如同发展与联系的关系，具有辩证统一性。把这种思维关系用于策划，有利于把握事物的变化特点和发展趋势。

项目二

编写招展方案

工作描述

选定展会类型及展会主题后，通过网络、分析讨论等形式查找、确定、汇总有效资料。各小组组长分配任务，小组成员分工合作，完成招展方案，包括招展说明书即招展函的撰写工作。撰写招展方案是会展工作中重要的一项，是开展展会工作的前提基础。通过阅读招展说明书，参展商和观众可以从总体上了解会展的基本信息。

学习理论知识：① 招展和招商的含义；② 招展说明书的内容；③ 招展说明书编写的原则；④ 招展方案的内容。

理论知识学习

一、招展和招商的含义

（一）招展的含义

招展是承办单位招徕参展企业来参展，从而实现从主办单位到参展企业的价值传递的过程。

（二）招商的含义

招商是承办单位招徕专业观众（指从事专业性展览会上所展示产品的设计、开发、生产、销售、服务的观众，以及目标参展商的潜在客户）来参观展览的过程。

通俗地说，招展就是把划分好的展位一个一个地卖给参展商，让别人花钱来参展；招商一般是赞助或者广告资源互换的性质。

二、招展说明书的内容

通常，招展说明书包括以下内容。

（1）展会的基本内容。包括展会名称、展会标志、展会举办的时间和地点、办展机构（主办单位、承办单位、协办单位、支持单位、合作媒体等）、办展起因和办展目的（如展会计划的规模大小、预计的观众数量等，也可对往届展会进行回顾）、展会特色、展品范围（可分展区说明）、价格（标准展位和特装展位的费用和展位设施）。

（2）市场状况介绍。包括行业状况、地区状况。

（3）展会招商和宣传推广计划。包括招商计划（可对往届展会的到会观众进行回顾分析）、宣传推广计划、相关活动、服务项目（各种有偿服务和免费服务）。

（4）参展流程、参展规定、参展办法。包括办理参展手续的程序、付款方式、参展申请表、联系办法（电话、邮箱、传真、网站等）。

（5）各种图片和图案。

三、招展说明书（招展函）的编写原则

招展说明书的编写原则如下：① 内容描述有吸引力；② 言简意赅，目的明确；③ 美观大方；④ 便于邮寄和携带。

撰写招展函是学生必须具备的基本能力。前期阶段学生会编写招展函即可，随着活动任务的逐步深入，学生应逐渐练习撰写招展方案。

四、招展方案内容

招展方案包括如下内容：

（1）根据产业分布特点，划分招展重点地区。

（2）展区和展位划分。

（3）招展价格。

（4）招展函的编制和发送。

（5）招展分工。

（6）招展代理。

（7）招展宣传推广。

（8）展位营销办法。

（9）招展预算。

（10）招展总体进度安排。

活动一　汇报会展产品的产业链分析

活动内容

延用项目一和上述一系列活动的成果，进行既定展会的会展产品的产业链分析。会展产品的产业链分析是招展方案的一部分，请各小组成员继续合作完成。

活动引导

通过搜索引擎、各展会网站或其他途径，收集此次活动任务的有关信息和相关资料。各小组组长分配任务，填写工作分工表，如表 2.1 所示。小组成员分工收集资料，合作完成对既定展会的会展产品的产业链分析及汇报。

表 2.1　小组工作分工表

展会简称		展会名称	
活动名称			
小组成员			
组员分工情况			

查阅的内容包括：① 会展产品；② 会展产品的上游产品及发展状况；③ 会展产品的下游产品及发展状况。

经小组讨论，确定：① 展会的会展产品；② 上游产品；③ 上游产品的发展状况；④ 下游产品；⑤ 下游产品的发展状况。

这些都要一一做好记录，为会展产品的产业链分析报告演示、陈述提供依据，做好汇报。

演示形式：PPT 或其他形式。汇报形式：以小组形式汇报。撰写形式：Word 文档并打印，或手写。提醒：无论以何种形式书写，纸张大小要一致。

在学生查阅、讨论、商定过程中，教师及助教要做好指导、指点工作，并为每个小组的演示打分、点评、提出改进意见或建议。

最后，各小组将活动一的成果自行保存，保存地址小组自定。完成整个工作任务时再将成果上交。针对此事，教师应提前提醒。活动一的成果将是课业（展前工作任务的课业）中的一部分。

能力培养

通过完成此次活动任务，培养学生各方面的能力，包括：① 抉择能力；② 团队合作精神；③ 解决冲突的能力；④ 参与的能力；⑤ 沟通能力；⑥ 利用网络使用 Word、Excel、PPT 等办公软件的能力；⑦ 语言表达能力；⑧ 自信、勇敢的精神；⑨ 抗压能力。

小贴士：存档要求

此活动任务成果的建议标题为“会展名称 + 活动名称”，如“第七届草莓大会的会展产品产业链分析报告”。若采用手写形式，在报告结尾注明班级，以及组长、组员姓名。若采用电子版形式，保存的文件名为“会展名称 + 活动名称 + 组长、组员姓名”。

活动二　汇报会展产品的行业分析

活动内容

延用项目一和上述一系列活动的成果，介绍既定展会的会展产品的行业分析情况。会展产品的行业分析是招展方案的一部分，各小组成员应继续合作完成。

活动引导

通过搜索引擎、各展会网站或其他途径，收集此次活动任务的有关信息和相关资料。各小组组长分配任务，填写工作分工表，如表 2.2 所示。小组成员分工、合作完成对既定展会的会展产品的行业分析的撰写及汇报。

表 2.2 小组工作分工表

展会简称		展会名称	
活动名称			
小组成员			
组员分工情况			

查阅的内容包括：① 会展业当前整体形势和发展趋势；② 该行业的发展概况、发展趋势；③ 影响该行业发展的政策、关键因素；④ 该行业发展的特点、规模、发展环境、发展速度及行业发展的生命周期等；⑤ 该行业的市场状况、该行业在举办地的市场状况；⑥ 该行业领域的某一公司的经营状况、销售状况等。

商定的内容有：① 会展业整体形势分析；② 该行业的发展概况、发展趋势等分析；③ 该行业发展的特点、规模、发展环境、发展速度及行业发展的生命周期等分析；④ 影响该行业发展的政策、关键因素的分析；⑤ 以哪个公司为例说明该行业的发展情况、市场状况等。

这些都要一一做好记录，为会展产品的行业分析报告演示、讲述提供依据，做好汇报。

演示形式：PPT 或其他形式。汇报形式：以小组形式汇报。撰写形式：可手写也可打印。提醒：无论采用何种形式，所用纸张大小要一致。

在学生查阅、讨论、商定过程中，教师及助教要做好指导、指点工作，并为每个小组的演示打分、点评、提出改进意见或建议。

最后，各小组将活动二的成果自行保存，保存地址小组自定。完成整个工作任务时再将成果上交。针对此事，教师应提前提醒。活动二的成果将是课业（展前工作任务的课业）中的一部分。

能力培养

通过完成此次活动任务，培养学生的各方面能力：① 抉择能力；② 团队合作精神；③ 解决冲突的能力；④ 参与能力；⑤ 沟通的能力；⑥ 利用网络，使用 Word、Excel、PPT 等办公软件的能力；⑦ 语言表达能力；⑧ 自信、勇敢的精神；⑨ 抗压能力。

小贴士：存档要求

此活动任务成果的建议标题为"会展名称 + 活动名称"，如"第七届草莓大会的会展产品行业分析报告"。若采用手写形式，在报告结尾注明班级，以及组长、组员姓名。若采用电子版形式，保存的文件名为"会展名称 + 活动名称 + 组长、组员姓名"。

活动三　分析展会地点、展馆的选择

活动内容

延用项目一和上述一系列活动的成果，确定展会选择的地点、展馆，并讲述原因。展会地点、展馆的选择是招展方案中的一部分，各小组成员应继续合作完成。

活动引导

通过搜索引擎、各展会网站或其他途径，收集此次活动任务的有关信息和相关资料。各个小组组长分配任务，填写工作分工表，如表 2.3 所示。小组成员分工收集资料，合作完成对既定展会地点、展馆的选择及原因的撰写和陈述。

表 2.3 小组工作分工表

展会简称		展会名称	
活动名称			
小组成员			
组员分工情况			

查阅的内容：① 展会举办选择的地点；② 展会举办选择的展馆；③ 与选择其他举办地点、举办展馆的优劣势，即选择理由。

商定的内容有：① 展会举办的地点；② 展会举办的展馆；③ 选择展会举办地的理由。

这些都要一一做好记录，为展会选择的地点、展馆及理由的演示、陈述提供依据，做好汇报。

演示形式：PPT 或其他形式。汇报形式：以小组形式汇报。可手写也可打印。提醒：无论采用何种形式书写，所用纸张大小要一致。

在学生查阅、讨论、商定过程中，教师及助教要做好指导、指点工作，并为每个小组的演示打分、点评、提出改进意见或建议。

最后，各小组将活动三的成果自行保存，保存地址小组自定。完成整个工作任务时再将成果上交。针对此事，教师应提前提醒。活动三的成果将是课业（展前工作任务的课业）中的一部分。

能力培养

能力培养 通过完成此次活动任务，培养学生的各方面能力：① 抉择能力；② 团队合作精神；③ 解决冲突的能力；④ 参与能力；⑤ 沟通能力；⑥ 利用网络，使用 Word、Excel、PPT 等办公软件的能力；⑦ 语言表达能力；⑧ 自信、勇敢的精神；⑨ 抗压能力。

小贴士：存档要求

此活动任务成果的建议。标题为“展会名称 + 活动名称”，如“第七届草莓大会展会地点选择的分析报告”。若采用手写形式，报告结尾应注明班级，以及组长、组员姓名。若采用电子版形式，保存的文件名为“展会名称＋活动名称＋组长、组员姓名”。

理论知识学习

一、展会地点、展馆的选择

策划选择展会的举办地点、展馆，包括两个方面的内容：一是确定展会在什么地方举办，二是确定展会在哪个展馆举办。

策划选择展会在什么地方举办，就是要确定展会在哪个国家、哪个省或者是哪个城市举办。

策划选择展会在哪个展馆举办，就是要选择展会举办的具体地点。具体选择在哪个展馆举办展会，要结合展会的展览题材和展会定位而定。另外，在选择具体展馆时，还要综合考虑使用该展馆的成本的大小如何、展期安排是否符合自己的要求及展馆本身的设施和服务如何等因素。

二、展会定位

展会定位就是要清晰地告诉参展企业和观众本展会“是什么”和“有什么”。具体地说，展会定位就是办展机构根据自身的资源条件和市场竞争状况，通过建立和发展展会的差异化竞争优势，使自己举办的展会在参展企业和观众的心目中形成一个鲜明而独特的印象的过程。

展会定位要明确展会的目标参展商和观众、办展目标、展会的主题等。

活动四　明确展会的基本内容

活动内容

延用项目一和上述一系列活动成果，介绍既定展会的基本内容。展会的基本内容作为招展说明书的一部分，给参展商和观众提供了大量信息。各小组成员应继续合作完成。

活动引导

通过搜索引擎、各展会网站或其他途径，收集此次活动任务的有关信息和相关资料。各小组组长分配任务，填写工作分工表，如表 2.4 所示。小组成员分工收集资料，合作完成展会基本内容的撰写。

表 2.4 小组工作分工表

展会简称		展会名称	
活动名称			
小组成员			
组员分工情况			

查阅的内容：① 往届展会的回顾资料；② 以往相关展会的特色；③ 以往相关展会的标准展位和特装展位的费用和展位设施情况。

商定的内容有：① 展会的名称；② 展会的标志（在小组演示时要说明构思思路）；③ 展会举办的时间和地点；④ 举办展会的机构；⑤ 办展目的；⑥ 展品的范围（分展区说明）。

这些都要一一做好记录，为展会的基本内容演示、讲述提供依据，做好汇报。

演示形式：PPT 或其他形式。汇报形式：以小组形式汇报。可手写也可打印。提醒：无论采用何种形式书写，所用纸张大小要一致。

在学生查阅、讨论、商定过程中，教师及助教要做好指导、指点工作，并为每个小组的演示打分、点评、提出改进意见或建议。

最后，各小组将活动四的成果自行保存，保存地址小组自定。完成整个工作任务时再将成果上交。针对此事，教师应提前提醒。活动四的成果将是课业（展前工作任务的课业）中的一部分。

能力培养

能力培养 通过完成此次活动任务，培养学生各方面的能力，包括：① 创新意识；② 抉择能力；③ 团队合作精神；④ 解决冲突的能力；⑤ 参与能力；⑥ 沟通能力；⑦ 利用网络，使用 Word、Excel、PPT 等办公软件的能力；⑧ 语言表达能力；⑨ 自信、勇敢的精神；⑩ 抗压能力。

小贴士：存档要求

此活动任务成果的建议标题为“展会名称 + 活动名称”，如“第七届草莓大会展会基本内容介绍”。若采用手写形式，报告结尾应注明班级，以及组长、组员姓名。若采用电子版形式，保存的文件名为“展会名称 + 活动名称 + 组长、组员姓名”。

理论知识学习

展会的基本内容包括：展会名称、展会标志、展会举办的时间和地点、举办展会的机构（主办单位、承办单位、协办单位、支持单位、合作媒体等）、办展起因和办展目的、展会特色（如展会计划的规模大小、预计的观众数量等，也可对往届展会的回顾）、展品范围（可分展区说明）、价格（可介绍标准展位和特装展位的费用和展位设施）。

展会名称、标志、举办时间的样图如图 2.1 所示。

图 2.1　展会名称、标志、举办时间的样图

一、办展机构

办展机构是指负责展会的组织、策划、招展和招商等事宜的有关单位。办展机构可以是企业、行业协会、政府部门和新闻媒体等。

根据各单位在举办展览会中的不同作用，一个展览会的办展机构一般有以下几种：主办单位、承办单位、协办单位、支持单位等。

主办单位：拥有展会并对展会承担主要法律责任的办展单位。主办单位在法律上拥有展会的所有权。

承办单位：直接负责展会的策划、组织、操作与管理，并对展会承担主要财务责任的办展单位。

协办单位：协助主办或承办单位负责展会的策划、组织、操作与管理，部分地承担展会的招展、招商和宣传推广工作的办展单位。

支持单位：对展会主办或承办单位的展会策划、组织、操作与管理，或者是招展、招商和宣传推广等工作起支持作用的办展单位。

二、办展时间

办展时间是指展会计划在什么时候举办。办展时间有三个方面的含义：一是指举办展会的具体开展日期，二是指展会的筹展和撤展日期，三是指展会对观众开放的日期。

展览时间的长短没有统一的标准，要视展会的具体情况而定。有些展会的展览时间可以很长，如世界博览会的展期长达几个月甚至半年；但对于占展会绝大多数的专业贸易展来说，展期一般以 3 ～ 5 天为宜。

三、展品范围

展会的展品范围要根据展会的定位、办展机构的优劣势和其他多种因素来确定。

根据展会的定位，展品范围可以包括一个或者是几个产业，或者是一个产业中的一个或几个产品大类。例如，“博览会”和“交易会”的展品范围就很广，如中国进出口商品交易会（广交会）的展品范围就超过 10 万种，几乎是无所不包；而德国法兰克福国际汽车展览会的展品范围涉及的产业就很少，只有汽车产业。

四、展会规模

展会规模包括三个方面的含义：一是展会的展览面积是多少，二是参展单位的数量是多少，三是参观展会的观众有多少。在策划一个展会时，对这三个方面都要做出预测和规划。在规划展会规模时，要充分考虑产业的特征。展会规模的大小还会受到会观众数量和质量的限制。

活动五　制订展会招商和宣传推广计划

活动内容

延用项目一和上述一系列活动成果，制订展会的招商和宣传推广计划。展会的宣传推广方案是招展方案的一部分，各小组成员应继续合作完成。

活动引导

通过学习理论知识、搜索引擎、各展会网站或其他途径，收集此次活动任务的有关信息和相关资料。各个小组组长分配任务，填写工作分工表，如表 2.5 所示。小组成员分工收集资料，合作完成既定展会的招商和宣传推广方案的制订和汇报。

表 2.5　小组工作分工表

展会简称		展会名称	
活动名称			
小组成员			
组员分工情况			

学习理论知识：宣传推广的构成要素；宣传推广的媒介等知识。

查阅的内容包括：① 历届展会的到会观众的情况；② 历届展会的宣传推广手段；③ 历届展会举办时的相关活动；④ 历届展会举办时的服务项目。

商定的内容有：① 小组既定的展会的宣传推广手段；② 小组既定的展会举办时的相关活动；③ 小组既定的展会举办时的服务项目。

这些都要一一做好记录，为小组已确定的展会的招商和宣传推广计划的演示、陈述提供依据，做好汇报。

演示形式：PPT 或其他形式。汇报形式：以小组形式汇报。可手写也可打印。

提醒：无论采用何种形式书写，所用纸张大小要一致。

在学生查阅、讨论、商定过程中，教师及助教要做好指导、指点工作，并为每个小组的演示打分、点评、提出改进意见或建议。

最后，各小组将活动五的成果自行保存，保存地址小组自定。完成整个工作任务时再将成果上交。针对此事，教师应提前提醒。活动五的成果将是课业（展前工作任务的课业）中的一部分。

能力培养

通过完成此次活动任务，培养学生各方面的能力，包括：① 创新意识；② 抉择能力；③ 团队合作精神；④ 解决冲突的能力；⑤ 参与能力；⑥ 沟通能力；⑦ 利用网络，熟练使用 Word、Excel、PPT 等办公软件的能力；⑧ 语言表达能力；⑨ 自信、勇敢的精神；⑩ 抗压能力。

小贴士：存档要求

此活动任务成果的建议标题为“展会名称 + 活动名称”，如“第七届草莓大会宣传推广方案”。若采用手写形式，报告结尾注明班级，以及组长、组员姓名。若采用电子版形式：保存的文件名为“展会名称 + 活动名称 + 组长、组员姓名。”

理论知识学习

一、宣传推广的构成要素

（一）Why——为什么

会展人员在宣传推广会展时，首先要告诉对方他们参加展会的理由是什么，要告诉对方他们参加展会能够得到什么。企业是否要参加展会，关键取决于参加展览会能否给企业的生产和经营带来好处。那么，参展商究竟能从参加展会中得到什么呢？这需要会展人员结合具体展会进行归纳和提炼。

（二）Who——是谁

会展人员在宣传推广时，应做到以下两点。

第一，应尽量把有实力的主办机构重点突出出来，这样可以在一定程度上提高目标客户对展览会的认可。因为，不同主办、承办及支持机构对展会的推广影响是不同的。展览会若由一个知名度高、信誉好、有举办展览会经验的机构主办，招展的工作就相对容易一些。

第二，会展人员在宣传推广时，要告诉客户组织者的具体联系方式。

（三）What——是什么

会展人员在进行宣传推广时，应突出展会的以下要点。

（1）展览会展示的产品和技术系列。

（2）展览会的主要客户构成，主要是指具有影响力的参展商和买家。

（3）展览会期间的主要活动，如专题研讨会、新闻发布会等。

（4）组织者是否提供邮政、电信、旅游等配套服务。

（5）组展商提供的产品系列，如展位、赞助、广告、入场券等。

（四）When——什么时间

（五）Where——什么地点

二、选择目标对象的一般方法

（一）按人口统计因素进行市场细分

1. 性别

2. 年龄

3. 收入和消费水平

（二）按企业统计因素进行市场细分

1. 产品类别

2. 企业规模

3. 企业地域

三、宣传推广的媒介

（一）大众传媒工具

1. 印刷媒体

印刷媒体指主要利用纸质印刷品进行广告传播的媒介，主要包括报纸、杂志、书籍、邮递广告、包装纸、商品说明书等。

印刷媒体具有如下优点：

（1）读者拥有主动权

读者在接触印刷媒介时，可以自由选择阅读的时间和地点，这一点上它优于电子媒介。电子媒介的受众处于一种被动的地位，受众必须在一定的时间或地点才能接触到其内容。由于电子媒介的传播方式是线性的，所以受众如果想回头再看，必须付出额外的代价，如将电视节目录制下来。可以说，印刷媒介较为充分地照顾到了受众的选择性。

（2）印刷媒介具有便携性和易存性

电子媒介如广播电视的传播内容是稍纵即逝的，若不经过专门录制，就会很快消失。而印刷媒介如报纸、书籍等却能将信息有效地保存下来。正因为这样，印刷媒介更能达到使受众获得反复接触的积累效果。

（3）印刷媒介更能适应分众化的趋势

除了一些综合性的报纸以外，印刷媒介不像其他媒介那样强调以标准化的内容来适应大部分受众的共同兴趣。电子媒介为了争取最大数量的受众，都力求能适应大众的口味，强调老幼皆宜，雅俗共赏，这就导致了内容上的同一化趋势。而专业化、专门化的报纸、杂志、书籍等印刷媒介往往以其具有针对性的内容而拥有特定的读者群并对他们在某一方面施加特殊影响，这就适应了专业化、专门化受众的特殊需要。在知识界与教育界，印刷媒介更是拥有广泛的类型化受众。

印刷媒介的一个缺点是时效性不强，不能像广播电视那样进行实时报道，而要经过一个制作周期。另一个缺点是印刷媒介的使用需要识字能力，因而受到文化程度的制约，文盲和文化程度较低的人无法或不能充分使用这种媒介。

2. 电视媒体

电视媒体包括中央和地方电视媒体。电视媒体的主要特点如下：

（1）直观性强，形象生动

电视是视听合一的传播，人们能够亲眼见到并亲耳听到如同在自己身边一样的各种活生生的事物，这就是电视视听合一传播的结果。单凭视觉或单靠听觉，或视觉与听觉简单地相加而不是有机地合一，都不会使受众产生如此真实、信服的感受。电视广告的这一种直观性，仍是其他任何媒介所不能比拟的。它超越了读写障碍，成为一种最大众化的宣传媒介；它无需对观众的文化知识水准有严格的要求，即便不识字、不懂语言，也基本上可以看懂或理解广告中所传达的内容。

（2）有较强的冲击力和感染力

电视是唯一能够进行动态演示的感性型媒体，因此电视广告冲击力、感染力特别强。电视媒介是用忠实地记录的手段再现讯息的形态，即用声波和光波信号直接刺激人们的感官和心理，以取得受众感知经验上的认同，使受众感觉特别真实，因此电视广告对受众的冲击力和感染力特别强，是其他任何媒体的广告所难以达到的。

（3）有较高的注意率

经济发达的国家和地区，电视机已经普及，观看电视节目已成为人们文化生活的重要组成部分。电视广告注意运用各种表现手法，使广告内容富有情趣，增强了视听者观看广告的兴趣，广告的收视率也比较高。电视广告既可以看，还可以听。当人们不留神于广告的时候，耳朵还是听到广告的内容。广告充满了整个电视屏幕，也便于人们注意力集中。因此，电视广告容易引人注目，广告接触效果是较强的。

（4）利于不断加深印象

电视广告是一种视听兼备的广告，又有连续活动的画面，能够逼真地、突出地从各方面展现广告商品的个性。例如，广告商品的外观、内在结构、使用方法、效果等都能在电视中逐一展现，观众如亲临其境，留有明晰深刻印象。电视广告通过反复播放，不断加深印象，巩固记忆。

（5）利于激发情绪，增加购买信心和决心

由于电视广告形象逼真，就像一位上门推销员一样，把商品展示在每个家庭成员面前，使人们耳闻目睹，对广告的商品容易产生好感，引发购买兴趣和欲望。同时，观众在欣赏电视广告时，有意或无意地对广告商品进行比较和评论，通过引起注意，激发兴趣，统一购买思想，这就有利于增强购买信心，做出购买决定。特别是选择性强的日用消费品、流行的生活用品、新投入市场的商品，运用电视广告，容易使受众注目并激发对商品的购买兴趣与欲望。

（6）受收视环境的影响大，不易把握传播效果

电视机不可能像印刷品一样随身携带，它需要一个适当的收视环境，离开了这个环境，也就根本阻断了电视媒介的传播。在这个环境内，观众的多少、距离电视机荧屏的远近、观看的角度及电视音量的大小、器材质量以至电视机天线接受信号的功能如何，都直接影响着电视广告的收视效果。

（7）瞬间传达，被动接受

全世界的电视广告长度差不多，都是以 5 秒、10 秒、15 秒、20 秒、30 秒、45 秒、60 秒、90 秒、120 秒为基本单位，超过 3 分钟的比较少，而最常见的电视广告时长则是 15 秒和 30 秒。这就是说，一则电视广告只能在短短的瞬间完成讯息传达的任务，这是极苛刻的先决条件。而且受众又是在完全被动的状态下接受电视广告的，这也是电视区别于其他广告媒介的特点。

（8）费用昂贵

一是电视广告片本身的制作成本高，周期长；二是播放费用高。就制作费而言，电影、电视片这种艺术形式本身就以制作周期长、工艺过程复杂、不可控制因素（如地域、季节天气、演员等）多而著称，而电视广告片又比一般的电影、电视节目要求高得多。广告片拍片的片比通常是 100∶1，可见仅是胶片一项，电视广告片就要比普通电影、电视剧节目超出数倍了，而且为广告片专门作曲、演奏、配音、剪辑、合成，都需要花大量的金钱。

就广告播出费而言，电视台的收费标准也很高。我国中央电视台 a 特段 30 秒的广告收费就要人民币 4.5 万元。而国外黄金时段播出费用比这还要高得多，美国的电视广告每 30 秒要 10 万～ 15 万美元；如果在特别节目中插播广告费用更高，有的竟高达几十万美元。

（9）不利于深入理解广告信息

电视广告制作费用高昂，黄金播放时间收费最贵。电视广告时间长度多在 5 ～ 45 秒。要在很短的时间内，连续播出各种画面，闪动很快，不能作过多的解说，影响人们对广告商品的深入理解。因此，电视广告不宜播放需要详尽理解性诉求的商品，如生产设备之类商品。一些高档耐用消费品在电视播放广告时，还要运用其他补充广告形式进行详细介绍。

（10）容易产生抗拒情绪

因为电视广告有显著的效果，运用电视广告的客户不断增加，电视节目经常被电视广告打断，容易引起观众的不满。

3. 广播媒体

广播这种声音媒介的特点如下：

（1）跨时空性

广播拥有电子媒介的优势，能够突破时间、空间的限制，把信息即时地传到四面八方，其速度之快、覆盖面之广为其他大众媒介所望尘莫及。

（2）即时性

电子媒介可以在突发性新闻事件发生时同步进行报道。在这一点上，广播甚至比电视还更为快捷。电视进行现场直播时必须配备各种笨重的录像录音设备，还需要考虑灯光、音响等条件；而广播的直播却极为方便，几乎不需要什么设备。

（3）较强的亲和力

对受众来说，广播具有较强的接近性。广播是声音媒体，其主持人的音质、语气、谈吐经常会形成自己独特的风格，对受众产生独特的吸引力并使之在一定程度上产生参与感，因而更接近于面对面的人际交流，具有较强的亲和力。

（4）易接受性

对广播的接受不需要识字能力，因而也就较能被各种文化程度的受众所接受。

（5）多功能性

广播既是新闻媒介，同时又能够很好地对各种以声音为载体的艺术进行传播，并使这些艺术以声音吸引人的鲜明个性得以充分发挥，从而也扩展了自身的功能。

印刷媒介和电视的优势即为广播的不足之处，如便携性、易存性等。

4. 网络媒体

网络媒体的特点如下：

（1）网络宣传是多维宣传

传统媒体是二维的，而网络宣传则是多维的，它能将文字、图像和声音有机地组合在一起，传递多感官的信息，让客户如身临其境般感受商品或服务。网络宣传的载体基本上是多媒体、超文本格式文件，宣传受众可以对其感兴趣的产品信息进行更详细的了解，使消费者能亲身体验产品、服务与品牌。这种图、文、声、像相结合的宣传形式，将大大增强网络宣传的实效。

（2）网络宣传拥有最有活力的消费群体

互联网用户 70.54% 集中在经济较为发达地区，64% 的家庭人均月收入高于 1 500 元，85.8% 年龄为 18 ～ 35 岁，83% 受过大学以上教育。因此，网络宣传的目标群体是目前社会上层次最高、收入最高、消费能力最高的最具活力的消费群体。这一群体的消费总额往往大于其他消费层次之和。

（3）网络宣传制作成本低，速度快，更改灵活

网络宣传制作周期短，即使在较短的周期进行投放，也可以根据客户的需求很快

完成制作，而传统宣传制作成本高，投放周期固定。另外，在传统媒体上做宣传发布后很难更改，即使可以改动往往也须付出很大的经济代价。而在互联网上做宣传能够按照客户需要及时变更宣传内容。这样，经营决策的变化就能及时实施和推广。

（4）网络宣传具有交互性和纵深性

交互性强是互联网络媒体的最大的优势，它不同于传统媒体的信息单向传播，而是信息互动传播。通过链接，用户只需简单地点击鼠标，就可以从厂商的相关站点中得到更多、更详尽的信息。另外，用户可以通过网络直接填写并提交在线表单信息，厂商可以随时得到宝贵的用户反馈信息，进一步减少了用户和宣传客户之间的距离。同时，网络宣传可以提供进一步的产品查询需求。

（5）网络宣传能进行完善的统计

“无法衡量的东西就无法管理。”网络宣传通过及时和精确的统计机制，使用户能够直接对信息的发布进行在线监控。而传统的信息发布形式只能通过并不精确的收视率、发行量等来统计投放的受众数量。

（6）网络宣传可以跟踪和衡量宣传的效果

用户能通过 Internet 即时衡量宣传的效果。通过监视宣传的浏览量、点击率等指标，用户可以统计出多少人看到了发布的信息，其中有多少人对发布的信息感兴趣进而进一步了解了信息的详细信息。因此，较之其他任何宣传，网络宣传使用户能够更好地跟踪受众的反应，及时了解用户和潜在用户的情况。

（7）网络宣传的投放更具有针对性

通过提供众多的免费服务，网站一般都能建立完整的用户数据库，包括用户的地域分布、年龄、性别、收入、职业、婚姻状况、爱好等。这些资料可帮助用户分析市场与受众，根据信息发布目标受众的特点，有针对性地进行信息发布，并根据用户特点进行定点投放和跟踪分析，对投放效果做出客观准确的评价。

另外，网络宣传还可以提供有针对性的内容环境。不同的网站或者是同一网站不同的频道所提供的服务是不同质量且具有很强的类分别的，这就为密切迎合用户的兴趣提供了可能。

（8）网络宣传的受众关注度高

据资料显示，电视并不能集中人的注意力，电视观众中 40% 的人同时在阅读，21% 的人同时在做家务，13% 的人在吃喝，12% 的人在玩赏它物，10% 在烹饪，9% 在写作，8% 在打电话。而 55% 的网上用户在使用计算机时不做任何它事，只有 6%

同时在打电话，只有 5% 在吃喝，只有 4% 在写作。

（9）网络宣传缩短了媒体投放的进程

用户在传统媒体上进行市场推广一般要经过三个阶段：市场开发期、市场巩固期和市场维持期。在这 3 个阶段中，厂商要首先获取注意力，创立品牌知名度；在消费者获得品牌的初步信息后，推广更为详细的产品信息。然后是建立和消费者之间较为牢固的联系，以建立品牌忠诚。而互联网将这 3 个阶段合并在一次信息发布中实现：消费者看到网络宣传，点击后获得详细信息，并填写用户资料或直接参与用户的市场活动甚至直接在网上实施购买行为。

（10）网络宣传传播范围广、不受时空限制

通过国际互联网络，网络宣传可以将信息 24 小时不间断地传播到世界的每一个角落。只要具备上网条件，任何人、在任何地点都可以阅读。这是传统媒体无法达到的。

（11）网络宣传具有可重复性和可检索性

网络宣传可以将文字、声音、画面完美地结合之后供用户主动检索，重复观看。而与之相比电视宣传却是让用户被动地接受宣传内容。如果错过宣传时间，就不能再得到发布信息。另外，显而易见，较之网络宣传的检索，平面宣传的检索要费时、费事得多。

（12）网络宣传具有价格优势

从价格方面考虑，与报纸杂志或电视宣传相比，目前网络宣传费用还是较为低廉的。获得同等的宣传效应，网络宣传的有效千人成本远远低于传统宣传媒体。一个宣传主页一年的费用大致为几千元人民币，而且主页内容可以随企业经营决策的变更随时改变，这是传统宣传媒体不可想象的。

（二）特种媒体工具

（1）户外广告。一般把设置在户外的广告叫做户外广告。常见的户外广告有路边广告牌、高立柱广告牌（俗称高炮）、灯箱、霓虹灯广告牌、LED 看板等，现在甚至有升空气球、飞艇等先进的户外广告形式。

（2）特种宣传资料。主要是指展览会宣传手册、展览会海报等资料。多以信件形式直接投递给目标参展商和观众。

（3）依附于小型纪念品的宣传媒介。作为一种辅助宣传手段，组展商通常制作一些物美价廉的小型纪念品，如手提袋、水果刀、小玩具、日历本、明信片等，在

其上印制展览会名称、主办机构、联系方式等，并在老客户回访、市场调查、抽奖活动等场合派发给目标观众。

（三）公共关系促销工具

（1）会议演说。是指组展商通过在有权威的行业会议中发表演说等形式宣传推广展览会的公共关系方式。这种方式最大的优点是行业内的专业人士比较集中，受媒体关注度较高。

（2）新闻发布会。是指通过召开新闻发布会，介绍展览会的筹备情况，把展览会的亮点、吸引点发布出去，是会展企业常用的宣传推广手段之一。这种方式不仅有利于降低会展企业的促销成本，还有助于提高其可信度。

（3）公益赞助。是指通过赞助受到公众关注而达到促销展览会和提高会展企业美誉度的目的。

（4）联合促销。是指会展举办企业通过与媒体、商场、旅行社等机构合作，借助对方的营销网络进行宣传推广。

（5）路演。是指会展举办企业为了招徕更多的参展商和观众参加展览会，在目标客户集中的地区和城市，通过邀请潜在参展商和专业观众参加关于展览会的专业会议、专家演讲、专家讲座、新闻发布等形式，加强组织者与潜在参展商和观众的交流和沟通，以期他们支持和参加展览会。

（四）人员促销

人员促销常用的手段如下。

（1）电话促销。这是会展企业最常用的营销手段。营销人员的很多时间是在和客户打电话的过程中度过的。

（2）传真促销。传真促销是与电话促销配合使用的一种促销方式。

（3）直接邮寄。将各种资料直接邮寄给潜在参展商和观众，邀请他们参加展会。有多年工作经验的会展工作者大多有自己比较稳定的参展商和目标观众数据库，对他们来说，采用直接邮寄的手段效果较为明显。

（4）电子邮件促销。电子邮件是一种现代的信息沟通和交流的方式。电子邮件具有传送的信息量大、传递速度快、使用成本低等特点，目前已经成为会展企业不可缺少的宣传工具。

（5）登门拜访。是指会展人员通过直接走访的形式与目标客户进行面对面的沟通。登门拜访让客户感到亲切和受到重视，也有利于增加客户对展览会的认识，是一种理想的营销方式，但运行成本有时太高。

四、展会招商和宣传推广计划的内容

展会招商和宣传推广计划的内容包括：招商计划（可对往届展会的到会观众回顾分析）、宣传推广计划、相关活动、服务项目（各种有偿服务和免费服务）。

活动六　总结参展流程、参展规定和参展办法

活动内容

延用项目一和上述一系列活动成果，总结参展流程、参展规定和参展办法。展会的参展流程、参展规定和参展办法是招展说明书的一部分，各小组成员应继续合作完成。

活动引导

通过平时的观察总结、搜索引擎、各展会网站或其他途径，收集此次活动任务的有关信息和相关资料。各个小组组长分配任务，填写工作分工表，如表 2.6 所示。小组成员分工收集资料，合作完成对既定展会的参展流程、参展规定和参展办法的总结和汇报。

表 2.6　小组工作分工表

展会简称		展会名称	
活动名称			
小组成员			
组员分工情况			

查阅的内容包括：① 历届展会举办时的参展流程；② 历届展会举办时的参展规定；③ 历届展会举办时的参展办法（包括参展申请表如何设计、如何办理参展手续、付款方式、联系办法等内容）。

商定的内容有：① 小组既定的展会展前、展中、展后的参展流程；② 小组既定的展会展前、展中、展后的参展规定；③ 小组既定的展会展前的参展办法（包括领取参展申请表、办理参展手续、付款方式、联系办法等内容）。

这些都要一一做好记录，为小组已确定的展会的参展流程、参展规定、参展办法的演示、陈述提供依据，做好汇报。

演示形式：PPT 或其他形式。汇报形式：以小组形式汇报。可手写也可打印。提醒：无论采取何种形式书写，所用纸张大小要一致。

在学生查阅、讨论、商定过程中，教师及助教要做好指导、指点工作，并为每个小组的演示打分、点评、提出改进意见或建议。

最后，各小组将活动六的成果自行保存，保存地址小组自定。完成整个工作任务时再将成果上交。针对此事，教师应提前提醒。活动六的成果将是课业（展前工作任务的课业）中的一部分。

能力培养

通过完成此次活动任务，培养学生各方面的能力，包括：① 创新意识；② 抉择能力；③ 团队合作精神；④ 解决冲突的能力；⑤ 参与能力；⑥ 沟通能力；⑦ 利用网络，使用 Word、Excel、PPT 等办公软件的能力；⑧ 语言表达能力；⑨ 自信、勇敢的精神；⑩ 抗压能力。

小贴士：存档要求

此活动任务成果的建议标题为“展会名称 + 活动名称”，如“第七届草莓大会参展流程、参展规定和参展办法”。若采用手写形式，报告结尾应注明班级，以及组长、组员姓名。若采用电子版形式，保存的文件名为“展会名称 + 活动名称 + 组长、组员姓名”。

理论知识学习

参展流程与参展规定不是一个概念。

参展流程是指参展企业在参展前、参展中、参展后应做的事情的步骤或顺序。

参展规定是指参展企业在参展前、参展中、参展后应遵守的制度。

参展办法的内容包括：如何办理参展手续；付款方式；参展申请表的设计；联系办法。

参展申请表可以包括（仅供参考）：单位名称、单位地址、联系人、联系方式、参加展品的介绍、选择展区、申请的展位等。

活动七　画出展位图等展会有关图案

活动内容

延用项目一和上述一系列活动成果，画出展位图等与展会有关的各种图案。展位图是小组在一起讨论、合作的手绘品，其他与展会有关的各种图案可以通过各种渠道得到。展会的展位图等图案是招展方案的一部分，各小组成员应继续合作完成。

活动引导

通过学习理论知识、搜索引擎、各展会网站或其他途径，收集此次活动任务的有关信息和相关资料。各个小组组长分配任务，填写工作分工表，如表 2.7 所示。小组成员分工收集资料，合作完成对既定展会的展位图等的绘画及标注说明。

表 2.7　小组工作分工表

展会简称		展会名称	
活动名称			
小组成员			
组员分工情况			

学习理论知识包括：展位号的编写方法；展位的基本类型；划分展区展位的原

则；展区展位划分时应注意的问题等知识。

查阅的内容包括：① 其他展会的展位图；② 历届展会的展位图的标注情况；③ 历届展会举办时的其他图案，如展馆图、交通图、往届展会现场图片等。

商定的内容有：① 小组既定的展会的展位图及标注说明；② 小组既定的展会举办时的交通图及说明；③ 招展说明书里是否展示往届图片，如展示，展示哪些图片，如何摆放等。

这些都要一一做好记录，为小组已确定的展会的展位图及其他图案的演示、讲解提供依据，做好汇报。

演示形式：PPT 或其他形式。

汇报形式：以小组形式汇报。展位图应手绘。交通图等图案应采用电子版进行保存。

提醒：无论采用何种形式，所用纸张大小要一致。

在学生查阅、讨论、商定过程中，教师及助教要做好指导、指点工作，并为每个小组的演示打分、点评、提出改进意见或建议。

最后，各小组将活动七的成果自行保存，保存地址小组自定。完成整个工作任务时再将成果上交。针对此事，教师应提前提醒。活动七的成果将是课业（展前工作任务的课业）中的一部分。

能力培养

通过完成此次活动任务，培养学生各方面的能力，包括：① 创新意识；② 抉择能力；③ 团队合作精神；④ 解决冲突的能力；⑤ 参与能力；⑥ 沟通能力；⑦ 利用网络，使用 Word、Excel、PPT 等办公软件的能力；⑧ 语言表达能力；⑨ 自信、勇敢的精神；⑩ 抗压能力。

小贴士：存档要求

此活动任务成果的建议标题为“展会名称 + 活动名称”，如“第七届草莓大会展位图”。如采用手绘形式，图中应注明班级，以及组长、组员姓名。若采用电子版形式，保存的文件名为“展会名称 + 活动名称 + 组长、组员姓名”。

小贴士：绘制展位图的要求

绘制展位图时，各小组要明确标注展区划分、展位号、进出口、休息处、服务处、洽谈处等区域。画展位图时，所学的理论知识要有所体现。

理论知识学习

一、展位号的表示方法

展位号通常依次由馆号、楼层号、通道号和展位序号组成。例如，7.4 H15，表示 7 号馆 4 层 H 道第 15 号展位。

二、展位的基本类型

展位一般可分为标准展位和特装展位两种。

1. 标准展位

国际通用标准展位面积一般为 9 m^2，通常由三面围板、1 块楣板（含展商名称）组成。基本配置为两只射灯或日光灯、1 个电源插座、1 张洽谈桌、4 张折椅、1 个纸篓，如图 2.2 所示 。不同展览会其标准展位的基本配置可能会有所差异。

图 2.2　标准展位示例

2. 特装展位

特装展位即 2 个以上位置相连的标准展位不采用标摊装搭的模式，而是申请预留空地，委托特装布展施工单位进行装修布展。展位价格按面积计算（如 500 元/m^2），展位面积一般不少于 36 m^2。

三、划分展区展位的原则

（1）按专业题材划分展区。

（2）要有利于提高展会的档次。

（3）要有利于观众的参观。

（4）要有利于提高参展商的展出效果。

（5）要有利于展会现场管理和现场服务。

注意：划分后，要按一定比例绘制展会展位图，标明展区展位具体位置，标明展馆各出入口、楼梯、现场服务点等。

四、展区展位划分应注意的问题

（1）要注意统筹兼顾。

（2）因地制宜地划分展位展区。

（3）不能遮挡展馆的服务设施，如消防栓、安全通道、电箱等。

（4）要注意适应参观人流的规律。

（5）要合理安排展会的功能服务区域，如登记处、咨询处、洽谈处、休息处、新闻中心等。

五、说明展览场地基本情况

展览场地的说明包括展馆及展区平面图、至展馆的交通图、展览场地的基本技术数据等。

绘制展馆及展区平面图时，要注意标明展馆各种服务设施所在的位置、展区和展位划分的详细情况、展馆内部通道和出入口等。

在绘制展馆的交通图时，要注意标明展馆在该城市的具体位置、到展馆可以利用的各种主要交通工具和交通路线、各指定接待酒店在该城市的具体位置等。

对于该展览场地的基本技术数据，要清楚准确地列出地面承重、馆内通风条件、货运电梯容积容量、展馆室内空间高度、展馆入口高度和宽度、展馆的水电供应状况等。对展览场地基本情况的介绍对于帮助参展商准确地找到展馆和自己的展位，进而进行展位搭装和布展有着很好的指引作用。

活动八　规划展会的总体进度安排和日程安排

活动内容

延用项目一和上述一系列活动成果，规划展会的总体进度安排和日程安排。展会的总体进度安排和日程安排是招展方案的一部分，各小组成员应继续合作完成。

活动引导

通过教师对总体进度和日程安排的讲解、该活动的相关链接、通过搜索引擎、各展会网站或其他途径，收集此次活动任务的有关信息和相关资料。各个小组组长分配任务，填写工作分工表，如表 2.8 所示。小组成员分工收集资料，合作完成对既定展会的总体进度安排和日程安排的规划和汇报。

表 2.8　小组工作分工表

展会简称		展会名称	
活动名称			
小组成员			
组员分工情况			

教师讲解：① 展会总体进度安排；② 展会日程安排。

查阅的内容包括：① 历届展会举办前的总体进度安排情况；② 历届展会举办时的日程活动安排情况；③ 历届展会举办时的日程时间安排情况。

商定的内容有：① 人员安排；② 小组既定的展会活动安排；③ 小组既定的展会时间安排。

这些都要一一做好记录，为小组已确定的展会的总体进度安排和日程安排的演示、陈述提供依据，做好汇报。

演示形式：PPT或其他形式。汇报形式：以小组形式汇报。可手写也可打印。提醒：无论采用何种形式书写，所用纸张大小要一致。

在学生查阅、讨论、商定过程中，教师及助教要做好指导、指点工作，并为每个小组的演示打分、点评、提出改进意见或建议。

最后，各小组将活动八的成果自行保存，保存地址小组自定。完成整个工作任务时再将成果上交。针对此事，教师应提前提醒。活动八的成果将是课业（展前工作任务的课业）中的一部分。

能力培养

通过完成此次活动任务，培养学生各方面的能力，包括：① 抉择能力；② 团队合作精神；③ 解决冲突的能力；④ 参与能力；⑤ 沟通能力；⑥ 利用网络、邮件，使用Word、Excel、PPT等办公软件的能力；⑦ 语言表达能力；⑧ 自信、勇敢的精神；⑨ 抗压能力。

小贴士：总体进度安排和日程安排

总体进度安排和日程安排不是一回事。总体进度安排是从会展开始筹划、展会的宣传推广、展商参展，到撤展等时间的安排。

日程安排是指展会举办的那几天的活动和时间安排。

小贴士：存档要求

此活动任务成果的建议标题为“展会名称+活动名称”，如“第七届草莓大会总体进度安排/日程安排”。若采用手写形式，报告结尾应注明班级，以及组长、组员姓名。若采用电子版形式，保存的文件名为“展会名称+活动名称+组长、组员姓名”。

相关链接

某展会的总体进度安排

12 月

- 与会展中心和酒店签订合同；
- 选择展览服务公司；
- 向预期参展商发出第一批邮件。

1 月

- 在行业刊物和其他合适的媒体上进行第一次新闻发布。

2 月

- 向参展商发出第一次公告，实施激励措施加强展位销售。

3 月

- 继续招展并考虑组织专业观众事宜；
- 确定保安事宜。

4 月

- 进行第二次新闻发布；
- 最后确定特殊嘉宾或者进行展会促销活动；
- 研究其他展会，开发潜在参展商。

5 月

- 确定展会的交通安排；
- 列出专业观众名单。

6 月

- 招展，并再次发放邮件；
- 确认酒店安排；
- 准备展会现场领位地图；
- 设立展会休息和餐饮服务区；
- 确认停车、展会电话号码、展会办公室电话号码和地址；
- 最后确定展层设计方案。

7～8 月

- 向参展商第三次发出邮件，内容包括赞助机会、广告机会、展会动态信息。

9 月

- 向参展商和观众发放必要物品。

10 月

- 最后与展馆、酒店、保安、展览服务商和宴会组织者等确认相关事宜。

11 月

- 展商、观众注册，开幕式；
- 展览开始；
- 展览期间的调查；
- 展会总结、评估。

活动九　确定会展广告宣传的定价方案

活动内容

延用项目一和上述一系列活动成果，商定会展产品的定价方案。会展产品的定价方案内容包括：会展产品的价格构成体系；会展产品的定价方法；会展产品的定价技巧。会展产品的定价方案应由小组讨论、总结得出，可以参考以往展会或其他展会的会展产品的定价方案。会展产品定价方案是招展方案的一部分，各小组成员应继续合作完成。

活动引导

通过学习理论知识、搜索引擎、各展会网站或其他途径，收集此次活动任务的有关信息和相关资料。各个小组组长分配任务，填写工作分工表，如表 2.9 所示。小组成员分工收集资料，合作完成对既定展会的会展产品定价方案的商定和汇报。

表 2.9　小组工作分工表

展会简称		展会名称	
活动名称			

（续表）

小组成员	
组员分工情况	

查阅的内容包括：① 以往展会或其他展会的会展产品的价格构成；② 历届展会或其他展会的会展产品定价方法；③ 历届展会或其他展会的会展产品的定价技巧。

商定的内容有：① 小组既定的展会的会展产品的价格构成体系；② 小组既定的展会的会展产品的价格定价方法；③ 小组既定的展会的会展产品的定价技巧。

这些都要一一做好记录，为小组已确定的展会的会展产品的定价方案的演示、讲解提供依据，做好汇报。

演示形式：PPT 或其他形式。

汇报形式：以小组形式汇报。可手写也可打印。

提醒：无论采用何种形式书写，所用纸张大小要一致。

在学生查阅、讨论、商定过程中，教师及助教要做好指导、指点工作，并为每个小组的演示打分、点评、提出改进意见或建议。

最后，各小组将活动九的成果自行保存，保存地址小组自定。完成整个工作任务时再将成果上交。针对此事，教师应提前提醒。活动九的成果将是课业（展前工作任务的课业）中的一部分。

能力培养 通过完成此次活动任务，培养学生各方面的能力，包括：① 创新意识；② 抉择能力；③ 团队合作精神；④ 解决冲突的能力；⑤ 参与能力；⑥ 沟通能力；⑦ 利用网络、邮件，使用 Word、Excel、PPT 等办公软件的能力；⑧ 语言表达能力；⑨ 自信、勇敢的精神；⑩ 抗压能力。

小贴士：存档要求

此活动任务成果的建议标题为“展会名称 + 活动名称”，如“第七届草莓大会定价方案”。若采用手写形式，报告结尾应注明班级，以及组长、组员姓名。若采用电子版形式，保存的文件名为“展会名称 + 活动名称 + 组长、组员姓名”。

小贴士：广告宣传的平台

展览会中不同广告媒介的宣传效果不同，对应的价格也不同。组展商都可以发掘的宣传平台有参观券广告、网站宣传广告、展会印刷品、会刊广告、现场条幅广告、广场展板广告、电视墙广告、路面标志广告、“您在这里”标志牌广告、手提袋广告、观众吊带广告、通行证广告、员工制服广告、彩虹门广告、PVC气球广告、餐巾纸广告、登记台装饰广告、贵宾室广告、产品展示区广告、交流会广告等。

理论知识学习

一、会展产品的价格体系构成

会展产品的价格体系是由4部分构成：展位价格；广告价格；赞助价格；入场券价格。

（一）展位价格

展位招展是展览会营销业务的核心工作，展位销售收入是会展企业最主要的收入来源。

展位价格就是为展会的展位出租制定一个合适的价格。展会展位的价格往往包括室内展场的价格和室外展场的价格，室内展场的价格又分为空地价格和标准展位的价格。

在制定展位的价格时，一般遵循“优地优价”的原则，即那些便于展示和观众流量大的展位的价格往往要高一些。

制定展位价格，还应进行展会初步预算。展会初步预算是对举办展会所需要的各种费用和举办展会预期获得的收入进行的初步预算。

在策划举办展会时，要根据市场情况和展会初步预算确定合适的展位价格，这样对吸引目标参展商参加展会十分重要。

（二）广告价格

广告收入是组展商重要的收入来源之一。一般来说，展览会期间的广告价格主要取决于展览会自身的影响力，具体包括展览会的规模、参展商及观众的质量、数量和市场地位等；还取决于具体的宣传平台在展前、展中、展后的接触目标受众的多少，以及被媒体曝光的机会。

（三）赞助价格

赞助价格的高低与展览会的影响力、赞助商的数量、赞助类型等因素有关。影响力越大的展会，赞助价格越高；对于单个赞助项目，独家赞助商支付的金额要高于多家赞助商支付的金额；赞助商赞助事项的级别越高，支付的金额越高。

（四）入场券价格

对一些观赏性较高的展览会来说，入场券收入通常成为组展商重要的收入来源。展览会门票在大多数情况下不再受到政府的限制，而是由组展商根据企业经营和现场管理的需要自行决定。门票价格的高低主要取决于展览会的影响力和展览内容的可观赏性。

二、会展产品的定价方法

展位销售是会展营销中的核心工作，展位费是组展商的主要收入来源；展位价格机制的形成具有典型性，能够为其他各类产品和服务的定价带来启示，因此下面以展位的定价为例说明会展产品的定价方法。

（一）影响展位价格的因素

影响展位价格的因素如图 2.3 所示。

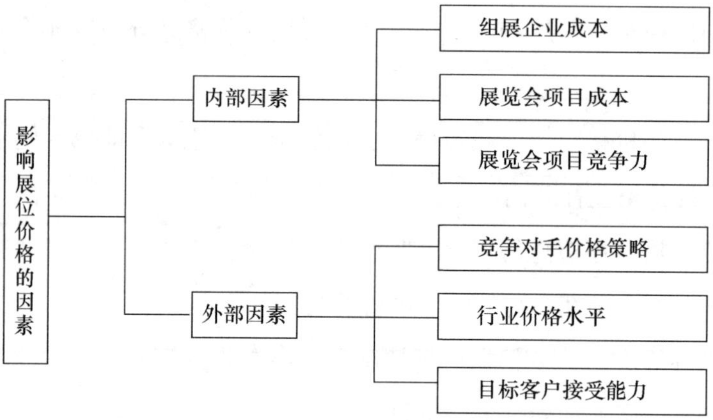

图 2.3　影响展位价格的因素

（二）展位定价方法

展位定价方法如图 2.4 所示。

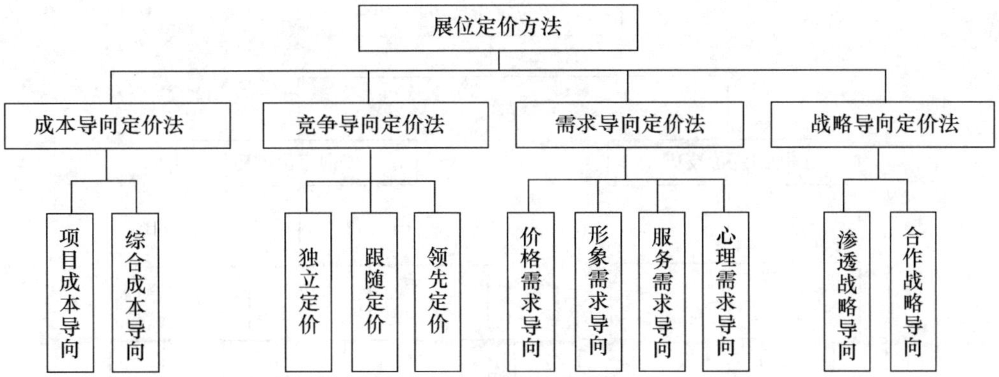

图 2.4　展位的定价方法

1. 项目成本导向定价法

项目成本是指具体的某个展览会项目的运作成本，通常包括组展商从会展中心租赁场地的费用、会展项目营销费用、会展项目人员费用及税收等。采用项目成本导向定价法，即以项目成本为依据进行定价。

2. 综合成本导向定价法

综合成本是指具体的某个展览会项目运作成本 + 展览公司运作的分摊成本。会展企业要把企业的办公场所租赁费、办公经费、企业管理人员工资等成本分摊到不同的展览会项目中。

3. 独立定价法

独立定价法是指无论竞争对手的展位价格如何调整，组展商总是按照既定的价格方针，实施自己的独立价格策略。组展商通常通过提高服务质量、增加服务项目、加强客户关系管理等方法控制定价。

三、会展产品的定价技巧

会展产品的定价技巧如图 2.5 所示。

（一）折扣定价技巧

1. 单次认购展位面积折扣

单次认购展位面积折扣是指在某一次具体的展览会上，只要参展商认购的展位面积达到一定数额，就可以享受一定比例的优惠，对促使参展商扩大单次参展认购面积有积极作用。

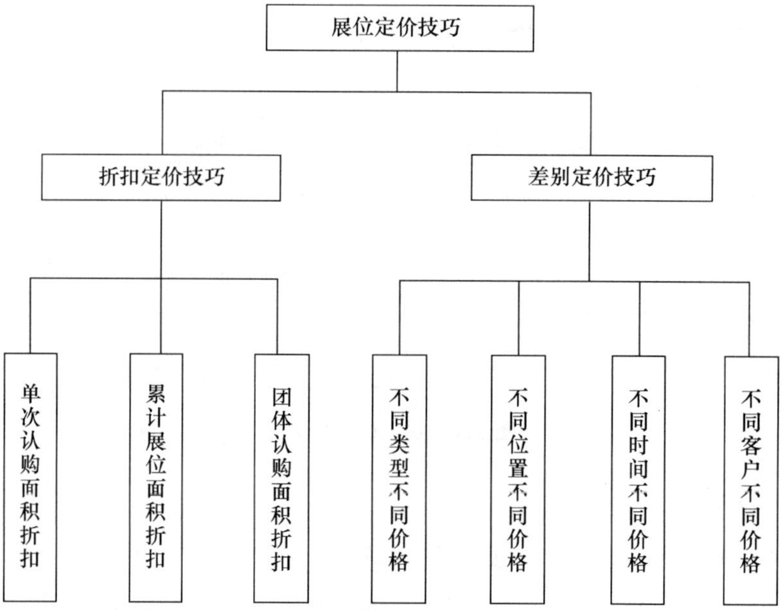

图 2.5　展位定价技巧

2. 累计认购展位面积折扣

累计认购展位面积折扣是指组展企业给予老客户的特别折扣。

3. 团体认购展位面积折扣

一般来说，团体认购的面积越多，获得的价格折扣越高。

（二）差别定价技巧

1. 不同展位类型，不同价格

展位类型通常划分为标准展位和特装展位。另外，展位开面越多，面对客户也就越多，因此价格也就越高。孤岛形展位最贵，因为它的四面均面向人流，能吸引四面八方的客户。而周边展位因背靠建筑物外墙，人流经过的数量较少，因此价格相对便宜。

中国深圳国际钟表珠宝礼品展览会展位类型及价格如表 2.10 所示。

表 2.10　中国深圳国际钟表珠宝礼品展览会展位类型及价格

展位类型	展位说明	展位价格
A 型	9 m^2（3 m×3 m），三面挡板（标准展位配置）	6 600 元
B 型	9 m^2（3 m×3 m），两面挡板（标准展位配置）	7 200 元
C 型	12 m^2（3 m×4 m），三面挡板（标准展位配置）	9 200 元
D 型	12 m^2（3 m×4 m），两面挡板（标准展位配置）	10 200 元
E 型	12 m^2（3 m×4 m），两面挡板（除标准展位配置外，含 5 个高柜）	16 000 元
特装展位	参展商租用空地自行搭建展位	680 元 / m^2（48 m^2 起订）

2. 不同展位位置，不同价格

（1）展位价格与所在楼层有关

一楼的展位相对于二楼、三楼的展位要贵些，因为越到高层，人流量越少，价格也就相对便宜。因此一般情况下，会展场馆都是低层建筑，甚至只有一层（除地下停车场外）。

（2）展位价格与距出入口的距离有关

出入口是人流必经之处，因此在同一楼层中，面对出入口、电梯口或通道等特殊位置对吸引客户注意力较为有利。但也有研究表明，客户看到的第一个展台的成交量不及位于中间的展台，因为买家往往在第一家询价，而后再与后面的展台比较价格和品质，就像歌唱比赛中第一个上场的演员比较难获得冠军一样。

（3）展位价格与展位所处位置有关

虽然在展览场馆里有足够的照明，但一般来说较光亮的展位更容易吸引参展商，而一些偏僻的角落则不容易引起人们的注意，如展览厅的拐角、楼梯的侧位等地方。如果展览现场搭有表演舞台或主席台，则靠近舞台的位置则更受欢迎。

3. 不同时间，不同价格

这是指组展商根据参展商报名参展和支付费用的时间不同，给予不同的价格优惠。通常情况下，参展商决定参展的时间越提前，获得的价格折扣越高；参展商支付参展费用的时间越提前，获得的价格折扣越高。反之亦然。这种定价策略是鼓励参展商早注册，早缴费。

4. 不同客户，不同价格

这是指区分不同客户类型制定不同展位价格的定价策略。例如，新老客户价格有所不同，普通客户和 VIP 客户价格不同等。

活动十 撰写会展赞助方案

活动内容

延用项目一和上述一系列活动成果，撰写会展赞助方案。会展赞助方案的内容包括：展览会的概况；赞助方案的总体设计（赞助类型的设计、赞助等级的设计、赞助金额的设计）；回报项目的设计；赞助合同的设计。赞助方案的内容很多，也有难度，所以应由小组成员一起讨论、总结、商定，可以参考以往展会或其他展会的会展赞助方案。会展赞助方案是招展方案最有难度的一部分，请各小组成员继续合作完成。

活动引导

通过学习理论知识、搜索引擎、各展会网站或其他途径，收集此次活动任务的有关信息和相关资料。各个小组组长分配任务，填写工作分工表，如表 2.11 所示。小组成员分工收集资料，合作完成对既定展会的会展赞助方案的商定和汇报。

表 2.11　小组工作分工表

展会简称		展会名称	
活动名称			
小组成员			
组员分工情况			

学习理论知识：会展赞助的内涵；企业赞助展会的原因；会展赞助的类型；会展赞助方案包含的内容；如何选择目标赞助商等。

查阅的内容包括：① 历届展会或其他展会的会展赞助方案“展览会概况”部分；② 历届展会或其他展会的赞助类型的设计方案；③ 历届展会或其他展会的赞助等级的设计方案；④ 历届展会或其他展会的赞助金额的设计方案；⑤ 历届展会或其他展会的赞助回报项目的设计方案；⑥ 历届展会或其他展会的赞助合同的设计。

商定的内容有：① 小组既定的展会赞助方案的“展览会概况”部分如何编写；② 小组既定的展会的总体赞助方案如何编写，包括赞助类型、赞助等级、赞助金额；③ 小组既定的展会的赞助商回报方案如何编写；④ 小组既定的展会的赞助合同如何编写。

这些都要一一做好记录，为小组已确定的展会的会展赞助方案的演示、讲解提供依据，做好汇报。

演示形式：PPT 或其他形式。汇报形式：以小组形式汇报。可手写也可打印。提醒：无论采用何种形式书写，所用纸张大小要一致。

在学生查阅、讨论、商定过程中，教师及助教要做好指导、指点工作，并为每个小组的演示打分、点评、提出改进意见或建议。

最后，各小组将活动十的成果自行保存，保存地址小组自定。完成整个工作任务时再将成果上交。针对此事，教师应提前提醒。活动十的成果将是课业（展前工作任务的课业）中的一部分。

能力培养

通过完成此次活动任务，培养学生各方面的能力，包括：① 创新意识；② 抉择能力；③ 团队合作精神；④ 解决冲突的能力；⑤ 参与能力；⑥ 沟通能力；⑦ 利用网络、邮件，使用 Word、Excel、PPT 等办公软件的能力；⑧ 语言表达能力；⑨ 自信、勇敢的精神；⑩ 抗压能力；⑪ 法律意识。

小贴士：存档要求

此活动任务成果的建议标题为“展会名称 + 活动名称”，如“第七届草莓大会赞助方案”。若采用手写形式，报告结尾应注明班级，以及组长、组员姓名。若采用电子版形式，保存的文件名为“展会名称 + 活动名称 + 组长、组员姓名。

小贴士：赞助与捐赠

赞助与捐赠不同。赞助是一种商业交易行为，要有商业回报，具有商业目的的。捐赠是一种慈善行为，不谋求任何形式的回报。

小贴士：赞助合同格式要求

赞助合同可以包括以下内容。

（1）甲方、乙方的联系方式等重要信息。

（2）甲方权利，包括赞助金额，以及作为赞助商应享有的权利即得到的回报。

（3）关于付款的规定：① 付款方式；② 其他方面，如缴纳定金后不再缴纳余款等情况的处理。

（4）乙方责任。

（5）甲方责任。

（6）违约责任。

（7）合同期限与终止。

（8）争议解决与适用法律。

（9）其他，如合同份数等。

（10）双方签字、日期、盖章。

理论知识学习

一、会展赞助的内涵

会展赞助是指企事业单位为了扩大影响、增加宣传机会而向展览会组织者提供资金、实物、劳务、技术等支持，而展览会组织者则以广告、冠名权、专利、论坛演说等无形资产作为回报的一项平等合作、互惠互利的经济活动。

二、企业赞助展会的原因

（1）赞助的宣传和推广效果更容易被目标客户接受。

（2）赞助展览会能够使赞助商的促销行为比较准确地指向目标市场。

（3）赞助展览会有利于赞助商利用展览会的行业号召力扩大影响。

三、会展赞助的类型

（一）按照赞助内容的表现形式分类

按照赞助内容的表现形式，会展赞助可以划分为现金赞助、实物赞助和服务赞助。

现金赞助是指赞助商以现金或者支票等资金形式向组展商提供赞助的方式，是会展赞助的主要形式。实物赞助可以是展览会用品，如胸卡、胸牌吊带、资料袋、礼品等，也可以是非展览会用品，如办公设备。服务赞助如展览会期间的礼仪服务、邮政服务等。

（二）按照赞助商数量多少分类

按照赞助商数量的多少，会展赞助可分为独家赞助和多家赞助。

现实中，以独家赞助的方式支持展览会的企业很少。多家赞助是组展商同时接纳多家企业共同为展会提供赞助。

（三）按照赞助商提供的赞助内容分类

按照赞助商提供的赞助内容，会展赞助可以分为单项赞助和多项赞助。

单项赞助是指赞助商只对展览会的某个部分或某项活动提供赞助，如为门票、资料袋等专项提供赞助。多项赞助是指除了赞助单项活动之外，还对展览会的其他事项提供赞助，如晚宴活动、展会用品等。

（四）按照赞助商的等级分类

按照赞助商的等级，会展赞助商通常可以划分为白金赞助商（platinum sponsors）、黄金赞助商（gold sponsors）、白银赞助商（silver sponsors）等不同类别。

赞助金额不同，获取的回报就不同，具有明显的梯次差异。

四、会展赞助方案包含的内容

（一）展览会的概况

展览会概况主要是用最简练的语言向目标赞助商传达展览会的有价值信息，主要介绍展览会的规模、档次、信誉、影响力等。

（二）赞助方案的总体设计

1. 赞助类型的设计

2. 赞助等级的设计

3. 赞助金额的设计

赞助金额的确定既需要以展览会的影响力为基础，又要考虑到目标赞助商的承受力。

（三）回报项目的设计

赞助商在支付赞助费的同时，需要从展会中获取相应的回报。对组展商来说，能否设计出具有吸引力的回报方案，是决定能否找到赞助商的关键环节之一。设计回报项目时，要注意：

① 详细明确，具有可操作性；

② 层次分明，能将不同级别的赞助商的回报条款明确区别开来，使每一个赞助商都能找到自己的位置。

（四）赞助合同的设计

赞助合同需要明确表明赞助商选择的赞助类型、获取的回报项目、款项的支付、双方责任、商业秘密的保护及违约责任和调解程序等条款。

五、目标赞助商的选择

（一）选择目标赞助商需考虑的因素

（1）赞助商的综合实力。是指赞助商的资金、规模、行业影响力等经营指标的综合反映。

（2）赞助数额。赞助数额一方面反映了赞助商的经济实力；另一方面反映了赞助商对展会影响力的评价。

（3）赞助商信誉。组展商选择赞助商时，一定要考虑赞助企业的市场信誉，不能“见钱就收”。

（二）潜在赞助商的特征

（1）在行业内具有领袖地位但也同时存在实力相当的竞争对手的企业。

（2）不断推出新产品和新服务的成长性企业。

（3）曾经有过大量赞助经历的企业。

相关链接

赞助合同和赞助方案的样例（仅供教学参考）

展览赞助协议书

甲方：______________ 电话______________ 地址______________

乙方：______________ 电话______________ 地址______________

为共同办好本届展览会，经主办单位同意和甲乙双方协商，决定借助展览会的有关媒体开展__________系列全面大型宣传活动，具体协商条款如下。

第一条　甲方的权益

（1）甲方为______年______月______日—______月______日在北京中国国际展览中心举办的________________（以下简称展会）的主要赞助商，获得“协办单位”的称号。并在展会所有新闻发布场合予以正式宣传，展览会有关宣传媒体上印出协办单位字样。

（2）在展会展馆的显著位置免费享有______平方米的展览面积。

（3）在展览会和洽谈会会刊上刊登彩色和黑白图文广告各一页，在展览会手提袋上印制______之协办单位称号。

（4）提供______万张展览会门票的背面为赞助商作彩色广告。

（5）在国际非金属矿工业展览会国际互联网上作站点链接和宣传推荐。

（6）为赞助商在各专题会议活动中牵线搭桥，广泛推荐。

（7）为赞助商在专题研讨会上提供有关 的专题发言（______分钟）。

第二条　甲方的责任和义务

（1）负责在展会提供的展览地点和面积上的布展，并符合组委会的布展要求。

（2）提供邀请书及会刊网站等广告宣传的图文资料。

（3）为此次赞助商的系列大型宣传活动提供经费______元，并于____月____日前付至乙方账户：

户名：______________________________

开户行：____________________________

账号：______________________________

第三条　乙方的权益、责任和义务

（1）负责设计印制上述注明之展会门票、会刊等，并按上述要求负责制作发布网页。

（2）乙方为此次赞助商的系列宣传活动的承办机构，有权为保证这一活动顺利实施而统筹使用甲方所提供的赞助资金，同时作为展会的承办机构有责任和义务完全满足本协议书中第一条中甲方的权益，确保宣传效果。并接受甲方和主办单位的监督。

第四条　本协议书一式两份，甲、乙双方各持一份，自双方签字之日起生效。

甲方：（盖章）____________

代表人：（签字）____________

________年____月____日

乙方：（盖章）____________

代表人：（签字）__________

________年____月____日

第24届世界港口大会展览会赞助方案（节选）

一、第24届世界港口大会展览会简介

第24届世界港口大会介绍：世界港口大会是由国际港口协会牵头主办，每两年在全球范围召开的国际性港口会议，每届大会上，来自世界各地港口、海运、贸易、制造业和软硬件供应商的代表们汇聚一堂，就共同关心的课题和迫切需要协调的事务进行论述和探讨。世界港口大会为世界经济发展起着非常重要的作用。国际港口协会是国际上最具影响力的港口组织，成立于20世纪50年代，现有来自83个国家的347个会员，总部设在日本东京，下设人力资源开发、港口安全、环境和水上作业、港口规划和建设、贸易促进、船趋势等十多个专业委员会。第24届世界港口大会是国际港口航运领域最大规模和最高规格的业界盛会，是联络世界港航业领袖的平台。参加世界港口大会，能够把握全球港航业动态的机会，洞悉中国港航业投资的机遇。诞生于1955年的国际港口协会又一次迎来了它的黄金时刻。2005年5月21—27日，作为主办方，上海国际港务集团有限公司热烈欢迎所有来到上海参加第24届世界港口大会的朋友们。上海在经济和贸易方面超乎寻常的发展，为本次大会提供了无与伦比的场所。恰逢国际港口协会成立50周年之际，我们将尽最大努力，将本次大会办成一次集港口、航运、物流货运、货主、制造业和软硬件供应商于一体的一次盛会。届时包括世界海关组织、世界银行、国际货运代理协会、国际港口协会总部、中国交通部、上海市政府领导、国内外知名港口、中国远洋运输集团、马士基航运公司、日本邮船集团、西门子公司、和记黄浦有限公司、招商局集团等代表港航界不同利益体的代表将就全球贸易中相关问题进行卓有成效的讨论。

您的赞助将会带来意想不到的收获：

第24届世界港口大会将是港航界的一次盛会。超过1 000位中外来宾的热情参与，中国政府、上海市政府的大力支持，国内外媒体的大量参与，您的赞助将更凸显您的出众，吸引更多精英的注意力。

您将在这几方面扩展您的业务：

（1）在 1 000 多位来自世界各地的精英面前传递您的信息，留下不可磨灭的印象；

（2）介绍您的产品，引导、帮助客户达到他们的目标；

（3）通过您的企业形象建立在行业内的领导地位，凸显企业文化精神。

二、总体赞助方案

（1）主要赞助类别、数量和金额，如表 2.12 所示。

表2.12 主要赞助类别、数量、金额

赞助类别	数　量	金额（元）
钻石赞助	1	150 000
铂金赞助	不限	100 000
黄金赞助	不限	50 000
白银赞助	不限	30 000

（2）单项赞助的类别，如表 2.13 所示。

表2.13 单项赞助类别、数量、金额

类　别	数　量	金额（元）
欢送晚宴	1	100 000
大剧院之夜	1	80 000
豫园晚宴	1	50 000
早到者晚宴	1	25 000
高架道旗赞助商	1 ～ 3	面谈
国会中心广场广告牌	1	面谈
文件包	1	面谈
纪念品	1	面谈
T 恤	1	面谈

（3）其他赞助如表 2.14 所示。

表2.14　其他赞助类别、数量、金额

类　　别	数　　量	金　　额
工作午餐	5	30 000 元
主通道门外海报牌上 LOGO	不限	4 000 元/个
柱子喷绘	7	10 000 元/个
广场升旗	20	4 000 元/面
大厅室内海报板	5	2 000 元/块
热气球广告	20	8 000 元/个

三、赞助商回报方案

第一部分：主赞助商

1. 钻石赞助

（1）赞助商需提供的内容

① 赞助商提供在第三次公告上。

② 2 面内页广告的设计及制作（出现在会议手册中）。

③ 2 面内页广告的设计及制作说明：赞助商必须尽快以分辨率在 300dpi 以上 TIFF 格式的文件提供。

④ 截止日期：2005 年 2 月。

（2）回报内容

① 在本次大会中享有唯一与会发言权。

② 在本次大会中享有唯一钻石级赞助商名誉。

③ 参加主办方召开的新闻发布会。

④ 在大会主会场背景板上出现赞助方公司 LOGO，在不影响大会整体形象设计的情况下尽可能扩大赞助方 LOGO 尺寸，并且保证其 LOGO 放置居于前列，尺寸明显大于其他非钻石赞助商 LOGO。

⑤ 大会现场大型宣传布置中出现赞助方 LOGO。在不影响大会整体形象设计的情况下尽可能扩大赞助方 LOGO 尺寸，并且保证其 LOGO 放置居于前列，尺寸明显大于其他非钻石赞助商 LOGO。

⑥ 大会现场允许发放赞助商相关资料；浦东机场现场宣传中出现赞助方 LOGO。

⑦ 在不影响大会整体形象设计的情况下尽可能扩大赞助方 LOGO 尺寸，并且

保证其 LOGO 放置居于前列，尺寸明显大于其他非钻石赞助商 LOGO。

⑧ 第三次会议公告封面上有赞助商 LOGO，在不影响大会整体形象设计的情况下尽可能扩大赞助商 LOGO 的尺寸。

⑨ 第三次会议公告上有 2 面插页广告，位置在所有广告页的首页；具体由赞助方自行设计制作。

⑩ 所有与会议有关的报刊广告中出现公司 LOGO，在不影响大会整体形象设计的情况下尽可能扩大赞助方 LOGO 的尺寸。

⑪ 送展览会标准展台 1 个；在会议官方网站的首页出现 LOGO 并提供链接到赞助商网站。

⑫ 免费全程参会人员 3 人。

⑬ 安排电视媒体专题报道；安排记者采访。

项目三

建立参展商信息数据库

工作描述

编写了招展方案后，接下来的工作任务就是通过网络、有关展会会刊等途径查找参展商信息，并建立参展商信息数据库。然后通过各种有效方法，如电话、传真、邮件、视频、登门拜访等，联系参展商，解答参展商各种疑问，寄发邀请函邀请参展商参加展会。各小组组长分配任务，小组成员分工合作，完成建立参展商信息数据库及联系参展商的工作。建立参展商数据库是会展工作中重要的一项，能够为将来更好地开展会展工作打下基础。在联系参展商过程中解答参展商的各种疑问，是参展商顺利地参加展会的保障。

活动一　查找参展商信息

活动内容

延用上述一系列的活动成果，开始项目三：建立参展商数据库的工作任务。首先应查找参展企业的相关信息，这是建立参展商数据库工作中最基础的一部分。查找的参展商信息包括参展企业名称、企业地点、企业规模、企业经营范围、企业资金实力或综合实力、联系方式、是否有赞助行为、是否参加过相关展会等，需要查找的信息很多，小组成员应合作完成。可以参考历届展会或相关展会的参展商信息情况。每个小组最少查找、总结 30 家参展商的信息、资料。

活动引导

通过理论知识学习、搜索引擎、各展会网站、会刊或其他途径，收集此次活动任务的有关信息和相关资料。各个小组组长分配任务，填写工作分工表，如表 2.15 所示。小组成员分工收集资料，合作完成对参展商信息资料的查找工作。

表 2.15　小组工作分工表

展会简称		展会名称	
活动名称			
小组成员			
组员分工情况			

小组成员共同查阅的内容：① 参加过往届展会或相关展会的参展企业；② 可能参加此次展会的参展企业。各小组成员分工查找可能前来参加展会的参展企业信息，包括参展企业名称、企业地点、企业规模、企业经营范围、企业资金实力或综合实力、联系方式、是否有赞助行为、是否参加过相关展会等，将查找到的信息汇总。

商定的内容有：① 如何制作 Excel 表格；② 参展商的信息如何筛选；③ 如何建立参展商信息数据库，参展商数据库的内容都有哪些，是否全面、是否需要再补充。

这些信息都要一一做好保存，为小组为已确定的展会建立参展商信息数据库提供依据。这些信息的保存地址、保存时使用的名称由小组自定。

在学生查阅、讨论、商定过程中，教师及助教要做好指导、指点工作，并为每个小组分别做出点评，提出修改、改进意见或建议。

能力培养

通过完成此次活动任务，培养学生各方面的能力，包括：① 抉择能力；② 团队合作精神；③ 解决冲突的能力；④ 参与能力；⑤ 沟通能力；⑥ 利用网络，使用 Word、Excel、PPT 等办公软件的能力；⑦ 抗压能力。

理论知识学习

一、查找参展商的方法

（1）通过行业企业名录收集。

（2）通过商会和行业协会收集。

（3）通过政府主管部门收集。

（4）通过专业报刊收集。

（5）通过同类展会收集。

（7）通过外国驻华机构收集。

（8）通过专业网站收集（如中国会展网、中国行业会展网、环球会展网、中展网、凹凸会展网、E 展网、中国 360 展览网、中国会展信息网）。

（9）通过电话黄页收集。

二、建立参展商数据库的原则

（1）数据库要有一定的数据量。

（2）分类要科学合理。

（3）数据真实可靠。

（4）便于查找和检索。

（5）可以及时修改。

小贴士：制作 Excel 表格时的要求

将参展商数据库以 Excel 表格的形式建立，页面大小为“A4”，页面方向为“横向”，将查找到的参展商所有信息全放在 A4 纸页面内，将表格边框设置为“实线”。标题字号为“小四”，字体颜色加深或变换颜色，正文为五号字，表格整体要和谐。

活动二　录入参展商信息

活动内容

延用上述一系列的活动成果，开始录入参展商信息的工作任务。录入的信息很多，所以小组成员应合作完成。录入参展商信息是建立参展商数据库的铺垫工作。每个小组最少录入、汇总 30 家参展商的信息、资料。

活动引导

通过搜索引擎，各展会网站、会刊或其他途径，继续补充参展商的有关信息和相关资料。各个小组组长分配任务，填写工作分工表，如表 2.16 所示。小组成员合作完成对参展商信息、资料的录入工作。

表 2.16　小组工作分工表

展会简称		展会名称	
活动名称			
小组成员			
组员分工情况			

商定的内容有：① 如何编辑 Excel 表格；② 参展商信息的筛选结果；③ 参展商信息数据库里的内容都有哪些，是否全面，是否需要再补充。

这些都要一一做好记录，认真录入，为小组为已确定的展会建立参展商信息数据库做好铺垫工作。这些信息录入后勿忘保存，保存地址、保存时使用的名称建议与活动一的保持一致。

在学生讨论、商定、录入过程中，教师及助教要做好指导、指点工作，并为每个小组分别做出点评，提出修改、改进意见或建议。

能力培养

通过完成此次活动任务，培养学生的各方面能力：① 抉择能力；② 团队合作精神；③ 解决冲突的能力；④ 参与能力；⑤ 沟通能力；⑥ 利用网络、邮件，使用 Word、Excel、PPT 等办公软件的能力；⑦ 抗压的能力。

活动三　整理、保存参展商信息

活动内容

延用上述一系列的活动成果，整理、保存参展商信息。整理、保存参展商信息是建立参展商数据库工作的最后一步，各小组成员应继续合作完成。每个小组最少汇总、整理 30 家参展商的信息、资料。

活动引导

通过搜索引擎，各展会网站、会刊或其他途径，继续补充参展商的有关信息和相关资料。各小组汇总、整理参展商信息，完成对参展商信息的存档工作。

商定的内容包括：① 如何将 Excel 表格编辑、制作得美观、和谐；② 参展商信息库的整理结果；③ 参展商信息数据库里的内容都有哪些，是否全面、是否需要再补充。

这些都要一一做好汇总、整理、保存，为小组为已确定的展会建立参展商信息数据库把好关。

在学生讨论、商定、汇总、整理、保存过程中，教师及助教要做好指导、指点工作，并为每个小组分别做出点评，提出修改、改进意见或建议。

最后，各小组将活动三的成果保存妥当。保存地址、保存时使用的名称按教师的要求保存。活动三的成果将是课业（展前工作任务的课业）中的一部分。

能力培养

通过完成此次活动任务，培养学生各方面的能力，包括：① 创新意识；② 抉择能力；③ 团队合作精神；④ 解决冲突的能力；⑤ 参与能力；⑥ 沟通能力；⑦ 利用网络、邮件，使用 Word、Excel、PPT 等办公软件的能力；⑧ 抗压能力。

小贴士：存档要求

每个小组建立一个文件夹。文件夹的名称为“专业名称—班级名称—展会简称—成员姓名”，如“会展策划与管理专业—11级1班—体育展—张三、王五、李四、赵七”。然后在这个文件夹里再建立3个文件夹，分别命名为“展前工作任务的课业”、“展中工作任务的课业”、“展后工作任务的课业”。然后将参展商信息库即Excel表放在“展前工作任务的课业”文件夹内，编辑Excel表格中Sheet 1的名称为“展会简称—参展商信息汇总”。

项目四

联系参展商

工作描述

建立参展商信息数据库后，接下来的工作任务就是，通过各种有效方法，如电话、传真、邮件、视频、登门拜访等渠道，联系参展商、解答参展商的各种疑问。各小组组长分配任务，小组成员分工合作，完成联系参展商工作。在联系参展商过程中解决参展商的疑问，是参展商顺利参加展会的保障。

活动一　演示电话联系、网络联系和登门拜访的技巧

活动内容

延用上述一系列的活动成果，学习并演示各种沟通方式的技巧，如电话联系的技巧、邮件联系的技巧、登门拜访的技巧等。电话联系还可以有短信方式、传真方式；网络联系还可以有视频方式。需要掌握的技巧很多，而要想做好这些也有一定难度，所以小组成员要一起探讨、模拟练习。掌握联系参展商的技巧是联系参展商基础的一步，它关系到是否能有足够多的参展商前来参加展会。各小组成员应继续合作完成。

活动引导

通过搜索、浏览网上信息和平时的观察，学习并演示如何进行电话联系、网络联系和登门拜访。小组成员都要掌握相关技巧。

1. 情景模拟演示

（1）电话联系技巧的演示。小组内抽签进行情景模拟，演示如何进行电话联系，展示出沟通的技巧。

（2）登门拜访技巧的演示。小组内其余成员模拟登门拜访的场景，运用拜访的技巧。

演示中，学生应随机应变，发挥创新精神。

2. 上机实践演示

即网络联系的演示。小组成员每人写一份邮件，组长汇总后，全组讨论并编写出一份相对满意的邮件，并发送给教师。

学生演示过程中教师及助教都要一一做好记录，为每个小组的演示打分，点评，提出修改、改进意见或建议。

能力培养 通过完成此次活动任务，培养学生各方面的能力，包括：① 创新意识；② 应变能力；③ 抉择能力；④ 团队合作精神；⑤ 解决冲突的能力；⑥ 参与能力；⑦ 沟通能力；⑧ 利用网络、邮件，使用 Word、Excel、PPT 等办公软件的能力；⑨ 语言表达能力；⑩ 自信、勇敢的精神；⑪ 抗压能力。

小贴士：上传要求

邮件以“专业名称 + 班级名称 + 展会名称 + 活动名称 + 组员姓名”为主题发送。正文基本格式为：“您好，请您查收 ×× 正文（附件），正文（附件）内容是……，谢谢！”

理论知识学习

一、电话联系

通过电话联系，除了拨打电话外，还可以采用短信、传真方式。本书仅详细介绍电话沟通方式。

（一）电话联系前

拨打电话前，要先想好要说的话或列出纲要。

拨打电话要选择合适的时间，尽量选择在早 9 点～晚 9 点，尽量避开午休时间和吃饭时间。

打电话前，酝酿好情绪，做深呼吸，不要紧张，更不可生气、发生冲突。

（二）电话联系中

（1）电话接通，首先说“您好”，然后自报家门，再讲述去电意图。讲述时要简明扼要、阐述重点。

（2）打电话时，语气要带有感情，字字清晰，声音不要太小，显得没底气；面带微笑，这样也影响声音和感情，具有亲和力。

（3）电话交流时要认真理解对方意图，并对对方的谈话作必要的重复和附和，以示对对方的积极反馈。

（4）应备有电话记录本，重要的信息应做记录，如 who（谁的电话）、where（哪的电话）、when（时间）、why（为什么联系）、how to（如何处理的）即“4W1H”。

（5）通话时间要控制得当，不可太长，否则对方可能会厌烦；也不可过短，否则对方可能不能理解来电意图。

（三）电话联系后

电话内容讲完，应等对方结束谈话再以“再见”为结束语。对方放下话筒之后，自己再轻轻放下，以示对对方的尊敬。

二、电话答疑的注意事项

（一）电话营销的技巧

1. 保持微笑

微笑地说话，声音也会传递出很愉悦的感觉，使客户听起来有亲和力，拉近与客户的距离。

2. 双方音量、速度要协调

在与客户谈话之初，先采取适中的音量与速度，分辨出对方的特质之后，再调整自己的音量与速度，使之符合客户的习惯，这样沟通起来会比较顺畅。

3. 判别通话者的形象，增进彼此互动

从对方的语调中，可以简单判别通话者的形象，讲话速度快的人是视觉型的人，说话速度中等的人是听觉型的人，而讲话慢的人是感觉型的人。业务人员可以在判别之后，再给对方适当的建议。

4. 表明不会占用太多时间，简单说明

为了使对方愿意继续通话，会展人员常用的方法就是表明占用对方两分钟时间，而人们一般听到“两分钟”时，都会有“反正才两分钟，就听听看好了”的想法。实际上，真正的通话时间可能比两分钟要长的多，这样又为会展人员争取了时间。

5. 语气、语调要一致

在电话中，开场白通常是普通话，但是如果对方是以外语或方言答，最好用同一语种与对方交流，有时不同语种或方言的交替也是拉近双方距离的一种方法。

6. 善用电话开场白

好的开场白可以让对方愿意和业务人员多聊一聊,因此除了“耽误两分钟”之外，接下来该说些什么就变得十分重要，如果想多了解对方的想法，不妨以“最近推出的投资型商品，请问您有什么看法？”等开放式问句开场。

7. 善用暂停与保留的技巧

当业务人员需要对方确定某一个时间、地点的时候，可以使用暂停的技巧。例如，可以询问对方：“您喜欢上午还是下午？”说完稍微暂停一下，等待对方回答。善用暂停的技巧，可以使对方感觉受到尊重。

保留，则是业务人员在不方便在电话中说明时或者遇到难以回答的问题时所采用的技巧。例如，当对方要求业务人员电话中说明费用时，业务人员就可以告诉对方：“这个问题我们可以见面谈时，我当面向你介绍，可能会更清楚。”这样，就将问题保留到下一次接触时，这也是约访时的技巧。

8. 坐姿端正

将身体挺直或站着说话时，声音会更有活力，通话效果也会更好。

9. 科学问询

业务人员掌握的电话号码有些可能是总机电话，有些可能是部门电话，有些可能是前台电话。通常企业内前台会将电话接通后直接给予回复。无论对方前台是国内的还是国外的，在接通电话后，应礼貌地向前台介绍一下自己来电要洽谈的事务或要寻找的人。如对方不愿意接通电话，可以在次日再次拨通此电话，前提是必须确定要找的该单位的人或部门。如果接电话的是秘书或其他人员，不愿透露具体负责人员，那么最好友好地问候以后，便挂断电话。在找到具体负责人后直接告诉对方此次通话的目的，通常会有较好的效果。

10. 认真聆听

通常电话中，双方会进行正式的交流，这时应进行简单的商务介绍，尽力争取当面洽谈。当面洽谈可以更好地提高营销的成功率。如果对方在电话中交流的是一些与业务无直接关系的事务，这时业务人员的角色应是一个聆听者。认真聆听对方所讲，并对相关事物进行客观的评价，表述自己的见解，无形中可以增加业务人员的个人魅力，增进双方感情。

11. 总结规律

任何一位客户都有自己的语言表达、思维方式和语速等规律。通常情况下，人们每分钟发言约 168 字，发言的快慢与发言的次数要根据客户的接收习惯进行调整，给客户留下良好的印象。首次与客户沟通时，发言次数以 5 ～ 8 次为宜。

12. 寻找差异

通常情况下，用户会找出一些案例来说明某种产品与服务存在某些不合理因素。这种情况下业务人员首先应当肯定和复述对方的观点，再说明不同内容之间的差别，以及自己营销项目的创新性与独特性。同时应该分析用户认为的差异之处，得到准确的答案，这样可以为自己的产品或服务提出合理的修正。

13. 创造机会

无论通多少次电话都不可能比发一次传真或进行一次面谈更有说服力。通常情况下，争取把传真或邮件发给目标企业某项目的具体负责人，然后再进行具体的沟通。再次进行沟通时，不妨先对传真或邮件内容进行简单阐述，然后争取面谈机会。

（二）电话应变处理

1. 电话综合征的应急处理

很多人在对方接通电话时，会突然不知道应该说什么或从何说起，这是由于过度紧张造成的。通常遇到此情况时，如确定对方未拿起听筒，应立即挂断电话，到开阔的地方进行深呼吸。调整情绪之后，再重新拨通电话。

2. 遭到拒绝的应对方法

（1）直接拒绝的应对方法

业务人员拨通电话后，有时对方的语气会很强硬：“我们不需要。”在这种情况下，有些营销者会继续追问：“您为什么不需要？”其实这种做法并不理智。

出现上述情况，通常情况下有以下 4 种可能：

① 对方心情不好或有其他事务在处理。

② 对方排斥电话业务或同类业务的电话营销，这与本身的职位职能有关。

③ 对方并不是相对应的负责人。

④ 对方确实不需要。

通常遇到上述情况应将电话暂时挂断，间隔一定的时间后再次拨通，并表示自己的友善，再次进行沟通。

（2）中途拒绝的应对方法

很多时候可能会出现业务人员在介绍一个会展活动项目时，还没有介绍完或还未介绍到关键，对方便要求挂线的情况。

在这种情况下，应做出如下处理：

① 问询与对方下次通话的时间。

② 索取对方传真号码，希望对方可以看到全部内容。

③ 友好表示后挂机。

（3）意外挂断的应对方法

通话过程中可能会出现以下问题。

① 对方突然要求业务人员稍等片刻。在这种情况下，业务人员应该尽快组织下面的语言，而不应该只是单纯地等候。

② 对方突然无声音（两方均有可能），这可能是线路问题，也可能是由于谈话过于专一，发生了其他问题。如出现对方无应声，应问询对方是否需要提高通话音量。这是一种语音测试，可确定对方是否在线。如属于自己的原因造成的意外，不应马上再次拨通电话。应间隔几分钟后再拨通对方电话，并告诉对方可能是线路故障造成了之前的状况。

（三）回访与促成交易

在确定对方有合作意向后，双方应对具体事务进行沟通并将相关资料以某种方式发给对方。

（1）进行简单的沟通后，即可开始正式洽谈。例如，业务人员可以这样发问："您现在是否方便与我进行关于参展事务的详细沟通呢？"

（2）在取得对方的同意的情况下，应对相关事宜进行简单的描述，给对方一个预热过程。若问询后，对方主动开始描述具体事物，则可以省略这一步。

（3）在就具体事件进行沟通时，经常会发生双方坚持各自立场的情况。在这种情况下，应寻求第三种方法解决，如："我们是否可以约个时间就此问题进行当面沟通？”如属于不可抗原因，应采取相对保守的方法告诉对方自己的权力与职能，并将相关问题转告有关人员。

（4）在电话营销中，尽量不要直接发出希望对方购买的信号。通常情况下，在利益空间与付出平等的条件下，客户才会对营销的具体内容感兴趣。

（5）友好挂机。当电话营销结束时，应以简单明快的方式结束电话沟通。确定对方挂机后，方可挂机，这是最基本的礼貌。

三、网络联系

通过网络进行联系的方式，可采用电子邮件方式，也可以采用视频方式。本书仅介绍电子邮件的网络联系方式。

（一）电子邮件书写注意事项

（1）邮件主题。直入中心内容，一针见血，高度概括邮件的中心思想。

（2）邮件正文。以“××公司领导您好！”开头，然后进行简短的自我介绍，重点陈述邮件的内容。陈述的内容要简明扼要，没有废话，控制字数。如果太长，对方可能不爱看；如果太短，意图可能表达不清。

（3）邮件结尾。以“祝您健康”等祝福或感谢的语言结尾，要简短精练。最后，注明署名并注明详细日期。

（二）电子邮件发送后的确认

电子邮件发送后，如果有可能，以电话或短信形式将此事告知对方，请对方查收邮件，并表示感谢。

四、登门拜访

对于重要客户或VIP客户，多采取登门拜访的形式。

（一）登门拜访前

无论因公还是因私进行拜访，都要事前与被访者电话联系。联系的内容主要如下。

（1）自报家门（姓名、单位、职务）。

（2）询问被访者是否在单位（家），是否有时间或何时有时间。

（3）提出访问的内容（有事相访或礼节性拜访）使对方有所准备。

（4）在对方同意的情况下定下具体拜访的时间、地点。注意避开吃饭和休息，特别是午睡的时间。

（5）对对方表示感谢。

（二）登门拜访中

登门拜访中应注意以下几点。

（1）要守时守约。

（2）讲究敲门的艺术。要用食指敲门，力度适中、间隔有序地敲三下，等待回音。如无应声，可稍加力度，再敲三下；如有应声，再侧身隐立于右门框一侧，待门开时向前迈半步，与主人相对。

（3）见面礼仪如下。

① 握手礼。握手是一种沟通思想、交流感情、增进友谊的重要方式。与他人握手时，目光注视对方，微笑致意，不可心不在焉、左顾右盼，不可戴帽子和手套与人握手。在正常情况下，握手的时间不宜超过3秒，必须站立握手，以示对他人的尊重、礼貌。

握手也讲究一定的顺序。一般讲究“尊者决定”，即待女士、长辈、已婚者、职位高者伸出手来之后，男士、晚辈、未婚者、职位低者方可伸出手去呼应。若一个人要与许多人握手，那么有顺序应是先长辈后晚辈，先主人后客人，先上级后下级，先女士后男士。

② 鞠躬礼。鞠躬，意即弯身行礼，是对他人敬佩的一种礼节方式。鞠躬前双眼礼貌地注视对方，以表尊重。鞠躬时必须立正、脱帽，需郑重，嘴里不能吃任何东西，也不能边鞠躬边说与行礼无关的话。

③ 致意。致意是一种不出声的问候礼节，常用于相识的人在社交场合打招呼。在社交场合里，人们往往采用招手致意、欠身致意、脱帽致意等形式来表达友善之意。

④ 递交名片。应用双手恭敬地递上，且名片的正面应对着对方。在接受他人名片时也应恭敬地用双手捧接。接过名片后要仔细看一遍或有意识地读一下名片的内容，不可接过名片后看都不看就塞入口袋，或到处乱扔。

初次与人见面，打过招呼后互通姓名，然后相互递交名片。递交名片有如下注意事项。

① 名片应该放在名片夹内，而不应该放在别的票证夹里，更不应该随意夹在小本里，用时到处乱翻。

② 名片夹应放在西装的内袋里，不应从裤子口袋里掏出。

③ 名片夹由于要长久使用，所以质地要尽可能好。

④ 如果对方伸出左手递交名片，自己要伸出右手去接，同时左手也应递交名片，这样互相交换。

⑤ 接受名片时，右手去接对方的名片，左手拿自己的名片夹。

⑥ 对方名片上的姓名如有不容易读的字，应客气地问清楚。

⑦ 如果对方有两人以上，应将他们的名片排好，并按照接名片的顺序，分别与他们进行交谈。

⑧ 如果人坐椅子上，应把对方的名片认真收起来放好，然后再向对方致意告辞。

⑨ 递交名片时应手握名片下端，使对方易于接；位置至对方胸前。

（4）主人不让座不能随便坐下。如果主人是年长者或上级，主人不坐，自己不能先坐。主人让座之后，要口称“谢谢”，然后采用规矩的礼仪坐姿坐下。主人递上烟茶要双手接过并表示谢意。如果主人没有吸烟的习惯，要克制自己的烟瘾，尽量不吸，以示对主人习惯的尊重。主人献上果品，要等年长者或其他客人动手后，自己再取用。即使在最熟悉的朋友家里，也不要过于随便。

（5）与主人谈话，要客气、不卑不亢。

（6）谈话时间不宜过长。起身告辞时，要向主人表示“打扰”之歉意。出门后，回身主动伸手与主人握别，说“请留步”。待主人留步后，走几步，再回首挥手致意：“再见。”

（三）登门拜访后

拜访完毕走出房间时应自然、大方，保持较好的行姿，出门后应回身轻轻把门带上。拜访后，要以电话或短信形式对对方的接待等表示感谢。

活动二　联系参展商，解答疑问

活动内容

延用上述一系列的活动成果，解答参展商的各种疑问。联系到目标参展商或潜在参展商后，为参展商解答各种疑问，是力争参展商能前来参加展会的关键一步。

目标参展商或潜在参展商前来参展是有疑虑的，他们的问题也会很多、而且不尽相同，所以小组成员要在一起讨论、设计、总结各种问题及解答方案。可以通过各种渠道（如上网、咨询朋友、咨询同行，甚至请教展商），参考以往展会或其他展会的参展商参展前的疑问及解答方案。解答参展商疑问是工作任务中最有挑战的工作，各小组成员应继续合作完成。每个小组最少设计 20 个参展商可能会提出或咨询的问题，其中 8 ～ 10 个问题设计得尽量具有挑战性，即回答起来有难度。

活动引导

通过学习理论知识、浏览各展会网站或其他内容、咨询等各种方式，搜集教师布置的活动任务的有关资料和相关信息，完成活动任务。小组成员分工收集资料，合作完成对参展商疑问的解答工作。

小组成员搜集的内容包括：① 历届展会或其他展会在联系参展商过程中可能遇到的问题；② 历届展会或其他展会在联系参展商过程中是如何解决问题的。

小组讨论、商定的内容包括：① 目标参展商或潜在参展商参展前的各种疑问；② 针对参展商的疑问的解答方案。

这些都要一一做好记录、汇总、整理，为此次活动任务的书写提供依据，并将书写成果上交或上传给教师。

任务成果可手写形式也可打印。提醒：无论采用何种形式书写，所用的纸张大小要一致。

在学生搜集资料、讨论、商定过程中，教师及助教要做好指导、指点工作，为每个小组的成果打分，并挑选出典型作业做出点评、提出改进意见或建议。

能力培养

通过完成此次活动任务，培养学生各方面的能力，包括：① 创新意识；② 应变能力；③ 抉择能力；④ 团队合作精神；⑤ 解决冲突的能力；⑥ 参与能力；⑦ 沟通能力；⑧ 利用网络、邮件，使用 Word、Excel、PPT 等办公软件的能力；⑨ 语言表达能力；⑩ 抗压能力。

小贴士：存档要求

此活动任务的建议标题为“展会名称＋活动名称”，如第七届草莓大会设计解决参展商疑问。若采用手写形式，报告结尾应注明班级＋组员姓名。若采用电子版形式，保存的文件名为“展会名称＋活动名称＋组员姓名”。

理论知识学习

一、了解会展企业客户构成的意义

会展营销人员除了需要了解会展产品的构成和特点之外，还要清楚地掌握会展客户的构成。如果前者解决的是“我在卖什么”,后者解决的便是“我将产品卖给谁”。

会展产品和服务所包含的内容非常丰富，会展营销人员不仅要把会展推介给参展商，还要推介给观众等，即会展的客户不仅仅是参展商，还包括观众、广告客户、赞助商等多种机构和个人。所以会展营销人员必须清楚地了解会展产品的客户构成及特点，只有这样，才能在实际工作中找准目标，提高营销工作的质量。

二、会展企业的客户构成

（一）参展商

参展商是从组展商手中订购展位，并利用有限的展位空间，通过声、光、电等多种形式展示产品和形象的机构。参展商支付的款项是组展企业最重要的收入来源，参展商是组展商最主要的客户。

（二）赞助商

赞助商是以现金或实物等形式为会展提供赞助的机构，从事的是一种商业行为。赞助商在向组展商提供赞助的同时，组展商也要提供特别的宣传促销方案以作为回报。在多数情况下，赞助商同时也是参展商。

（三）广告客户

广告客户是会展期间各种宣传机会和宣传媒介的购买者。会展企业应善于发掘会展期间的各种宣传机会，将其转化为可以出售的广告产品，以获取最大限度的商业利益。

（四）专业观众

专业观众又称为“买家”，是会展中不可缺少的部分。一般来说，专业观众主要由会展企业的营销人员负责邀请，特别重要的专业观众还需要会展企业为其支付交通、住宿、餐饮等费用。

（五）普通观众

普通观众是指为了获取新知识、新观念、了解新产品而前往展会参观的普通群体。普通观众不像专业观众具有明显的贸易动机，但他们同样是参展商的目标客户。一般情况下，参展商会通过会展广告、邮寄邀请函、赠送小礼物等方式吸引普通观众。

三、会展客户是否参展的影响因素

（1）需求。即“想要得到什么”。

（2）动机。是组织或个人满足需求而采取的手段和措施。

（3）信息。是为人们做出决策提供的重要参考依据。

（4）决策。是在拥有充分信息的基础上，对方案进行评价和选优的过程。

（5）感受。是对行为执行结果的主观评价。即参展商对展会满意或参加展会能给参展商带来收益，以后他们还会参加展会；反之，他们将做出新的决策。

四、会展客户决定参展行为的详细剖析

（一）需求

参展商参加展会的目的就是扩大企业的影响，获取利润（在获取利润过程中，以符合市场需要的产品、过硬的技术及完善的市场网络作为载体）。也就是说，参展商的需求是想扩大企业影响，获取利润，所以可以将参展商参加展会的主要目的归结如下。

（1）销售商品，获取订单。

（2）会见老客户，维护客户关系。

（3）发现新客户，拓展市场份额。

（4）展示企业技术、形象，提高企业知名度。

（二）动机

动机是人们为满足需求而采取行动前的一系列心理活动。通过动机可以勾勒出

一系列潜在的"行为束",这些"行为束"的成本收益与可行性不同。一般来说,成本低、收益高而且可行性强的动机将得到强化，并最终转化为现实的行动。通俗地讲，即动机转化成了为企业的具体行动。有的企业选择了广告形式，有的企业选择了公共关系形式，有的企业选择了人员促销形式，有的企业选择了参加展会形式，等等。企业总是会在其有限的资源约束下选择相对满意的方案。

在具体工作中，会展营销人员可以多多地收集会展营销效果方面的权威研究数据,用以强化企业参加会展的依据,避免"空口无凭"带给潜在参展企业的不信任感。美国著名会展研究机构展览产业研究中心进行的"关于最有效营销手段认知的调查"显示，90% 的企业把展会营销视为第一信息来源，75% 的企业把直接营销和公共关系营销视为第一信息来源，63% 的企业把网上营销视为第一信息来源，55% 的企业把杂志广告视为第一信息来源，50% 的企业把电话营销视为第一信息来源。此次调查的对象是参展商。此次研究表明，绝大多数企业还是对参加会展的营销效果表示认可的。

（三）信息

企业在选择了参展作为宣传推广的途径后，将会进一步选择哪家组展商举办的会展。通常情况下，参展商需要大量收集信息，以此作为参展的依据。参展商收集的信息种类如下。

（1）国内外市场上，有多少公司提供本企业需要的会展服务？

（2）哪些组展企业在同行中处于领先地位？

（3）哪个组展商组织的展览会最适合本企业的需求？

（4）目标组展商以往主要为哪些机构提供过会展服务？

（5）目标组展商以往客户的评价如何？

（6）目标组展商的报价如何？本企业是否能够承受？

（7）目标组展商以往的经营记录中有无欺骗参展企业的行为？

所以，对于会展营销人员来说，不仅要了解参展商参加会展的需求，还要了解参展商最关心的信息是什么。这样才能更好地针对参展商的需求，通过各种途径把对自己有利的信息传递给参展商，来影响参展商的决策，说服参展商参加本企业组织的会展。

（四）决策

决策是指会展产品和服务购买者根据调查获取的信息，最终决定选择哪家组展商的过程。研究会展企业客户（即参展企业）的决策行为，主要是弄清以下 3 个问题：① 谁是决定是否参展的决策主体？② 参展企业是否参展的决策程序是什么？③ 哪些因素影响了企业是否参展的决策？

通常情况下，决定是否参加会展的决策主体因企业的规模大小、资产来源、行业属性、价值观等因素差异而有所不同。而影响企业参加会展的决策因素如图 2.6 所示。

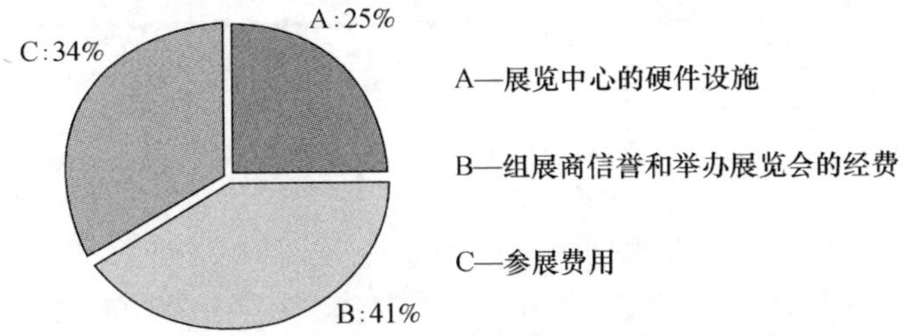

图 2.6　影响企业参加会展的决策因素

会展营销人员掌握了目标客户的决策主体、决策程序和决策影响因素，就能在营销过程中抓住问题的关键，提高营销工作效果。

（五）感受

参展后的感受是决定参展商是否还会与会展企业合作的关键因素之一。所以，对于营销人员来说，还要继续了解参展商的感受。原因如下：一是通过了解参展商的感受可以检查会展的吸引力和参展商对会展服务水平的评价，以便找出不足，加以改正；二是让参展商有受重视、被关心的感觉，有利于会展企业（组展商）在参展商和专业观众心中树立良好形象，有助于维护客户关系。

五、说服展商参展的注意事项

（1）以一个专业的客户服务专员的身份出现，讲解语言、沟通技巧都要体现出专业性。

（2）注意个人的礼仪、形象、言谈，这些都反映了公司整体精神面貌。

（3）以两个角度为出发点介绍此次展会情况：一是如果展商参展，对企业有利及如何有利；二是如果参展，将对参展企业有益及如何有益。

（4）尽可能地用数据“说话”，更进一步表现出专业性。

特别提醒：请学生领悟画波浪线的文字的深意和内涵。

小贴士：参展商可能的疑问："你们准备举办此次展会，那你们的展会定位明确吗？"

解答思路：联系人员在解答时就要清晰地告诉目标参展企业或潜在参展企业，本展会"是什么"、"有什么"，简明扼要地阐述展会的差异化竞争优势，使自己举办的展会在参展企业的心中有一个鲜明而独特的印象。

项目五

制作参展商邀请函

工作描述

联系到目标参展商或潜在参展商后，接下来的工作任务就是制作参展商邀请函、发放参展商邀请函。通过上网、查阅有关刊物、分析讨论等方式查找、汇总有效资料，最后确定参展商邀请函的书写格式及书写内容，即制作邀请函。各小组组长分配任务，小组成员分工合作，完成参展商邀请函的制作工作。制作精美的邀请函会给目标参展商或潜在参展商带来眼前一亮的效果，发放邀请函会使目标参展商或潜在参展商有受到重视的感觉，为目标参展商或潜在参展商顺利参展打好基础。

活动　制作参展商邀请函

活动内容

延用上述一系列的活动成果，设计参展商邀请函。参展商邀请函并没有固定格式要求，可供小组成员充分发挥创新。小组成员还可以一起讨论，也可以通过各种渠道参考以往展会或其他展会的参展商邀请函。制作精美的邀请函可能会为组织者带来事半功倍的效果。

活动引导

通过相关链接、搜索引擎、各展会网站或其他途径，收集此次活动任务的有关信息和相关资料。小组成员每人制作一份参展商邀请函。每成员小组选择一份作为招展方案的一部分上交给教师。

查阅的内容：① 历届展会或其他展会的参展商邀请函都包括哪些内容；② 历届展会或其他展会的参展商邀请函的格式是什么样的；③ 历届展会或其他展会的参展商邀请函如何撰写；④ 历届展会或其他展会的参展商邀请函如何制作精美。

这些都要一一做好记录，为小组成员编写、制作参展商邀请函提供参考，并将制作成果保存并上交或上传给教师一份。

邀请函可手写，也可打印。提醒：无论采用何种形式书写，所用纸张大小要一致。

在学生收集资料、讨论、制作过程中，教师及助教要做好指导、指点工作，为每个小组上交的参展商邀请函打分，并挑选典型作业做出点评、提出改进意见或建议。

能力培养

通过完成此次活动任务，培养学生的各方面能力：① 创新意识；② 抉择能力；③ 审美能力；④ 虚心学习的精神；⑤ 利用网络、邮件，使用 Word、Excel、PPT 等办公软件的能力；⑥ 自信、勇敢的精神；⑦ 抗压能力。

小贴士：存档要求

此活动任务成果的建议标题为“展会名称 + 活动名称”，如“第七届草莓大会参展商邀请函”。若采用手写形式，报告结尾应注明“班级 + 组员姓名”。若采用电子版形式，保存的文件名为“展会名称 + 活动名称 + 组员姓名”。

小贴士：上传要求

上传要求：邮件以“专业名称 + 班级名称 + 展会名称 + 活动名称 + 姓名”为主题发送；正文基本格式为：“×× 您好，请您查收 ×× 正文（附件），正文（附件）内容是……谢谢！”

理论知识学习

一、参展商邀请函的内容

参展商邀请函的内容包括展会概况、展馆介绍、展会的优势、展会时间、展会地点、批准单位、主办单位、协办单位、支持单位、合作媒体、展会配套活动、展会日程安排、展会面积、展品范围、分展区的展品介绍、收费标准、广告服务收费、增值服务、提供的其他服务、联系方式等。

二、参展商邀请函的格式

多数情况下，参展商邀请函的格式如图 2.7 所示。

尊敬的×××先生/女士： 　　您好！ 　　…… 　　　　　　　　　　　　　　　　　　　　张三 　　　　　　　　　　　　　　　　××××年×月×日

图 2.7　展商邀请函格式

多数情形下，还附有参展商回执函。回执函类似于参展商申请表，但信息量要比参展商申请表中的少。

在制作邀请函时，若想使其精美一些，还可以在页眉、页脚等的设计上下些功夫。

相关链接

邀请函举例如下。

“. 中国”全球升级行动——品牌升级中国行企业家高峰论坛邀请函

前言：正当金融危机给“中国制造”产品出口带来困难转向内需之际，“. 中国”明年将启用，给企业品牌规划带来全新的机遇和挑战。为了帮助企业应对“. 中国”升级带来的网络品牌规划问题，确保“网上网下”企业品牌的统一性，中国互联网络信息中心联合各部委和协会，在全国范围内启动“. 中国”全球升

级行动——品牌升级中国行。在杭州市委市政府的推动下，杭州市于今年（2008年）5月29日被授予“中国电子商务之都”称号。为了进一步推动企业电子商务的应用，也为了能使杭州市企业在不利的大环境下度过“寒冬”，特颁布《杭州市电子商务进企业专项资金管理办法》，明确2008—2010年，将在原有专项资金的基础上，由市财政每年新增3 000万元，建立“电子商务进企业”专项资金。严峻的经济形势和国家的紧急救市行动并存，只有利用国家政策来抵御危机的企业才能从这次的风暴中真正得益，并走上更好的发展道路。

尊敬的______总经理（董事长），在经济秩序重建的过程中，要想抓得先机，保持发展，必须掌握国家政策趋势，升级自身企业品牌，蓄势待发，品牌升级中国行杭州高峰论坛诚邀您共同参与。

主办单位：中国互联网络信息中心（CNNIC）
杭州市软件行业协会
支持单位：杭州市经济委员会
杭州市信息化办公室
杭州市发展改革委员会
杭州市科技局
支持媒体：杭州日报 钱江晚报
都市快报 每日商报

活动时间：2008年12月4日（周四）
13：30
活动地点：杭州大厦8楼百言堂
（杭州武林广场西侧）
咨询电话：0571−87756808
0571−87756814

活动内容：

◇市政府相关领导将介绍本次电子商务专项补助政策的相关信息

◇资深人士将分享电子商务的有效应用途径和成功案例

◇现场体验电子商务给企业带来的竞争优势，并得到现场指导

◇通过本次活动建立电子商务的企业将获得第三方平台的电子商务专项优惠

◇参会企业均可得到精美礼品

请将回执传真至0571−87756868 / 87756899，如遇忙音请耐心等待，稍候再传。

前100家确认的企业将获得嘉宾企业资格，凭邀请函免费入场，并有机会得

到专家现场特别指导。

回　执

会议联系人：杨永　　联系电话：15957193114　　编号：001

企业全称				法人代表	
参会者姓名		职务		手机电话	
主营业务				企业盖章	

ISH China 2010 展会贵宾邀请函

我们很荣幸地邀请您作为贵宾参加2010年3月10—12日在北京国家会议中心举办的ISH China展会的开幕式，并诚挚邀请您出席由法兰克福展览公司与全国工商联家具装饰业商会共同举办的一系列高规格的同期活动。

ISH China 2010是中国领先的卫生洁具及暖通空调展览会。此次展会将迎来300余家海内外展商参展，其中包括科勒、乐家、吉博力、A.O.史密斯、阿里斯顿、百得、八喜、博世、卡莱菲、意乐、法罗力、吉博力、嘉科米尼、威能和菲斯曼等一系列国际著名品牌。

开幕式

日期：2010年3月10日（星期三）

时间：上午9：00～10：00

地点：国家会议中心大厅

北京市朝阳区天辰东路7号

开幕式结束后，我们还邀请您参加以下精心筹备的各项活动。

顶尖技术在中国的精彩诠释——顶级家用锅炉制造商联合新品发布会

日期：2010年3月10日（星期三）

时间：10：00～12：00

地点：国家会议中心306会议室（会议区3楼）

德国威能、意大利阿里斯顿、意大利依玛、意大利法罗力、法国德地氏和意大利八喜这些业界顶级企业同时进行家用壁挂炉的新品发布，且所有产品均是首次登陆中国大陆。该项活动将让您领略到家庭供暖系统对家居环境的重要性。

2010 北京建筑装饰设计暨国际浴室设计趋势论坛

日期：2010 年 3 月 10 日（星期三）

时间：13：00 ～ 16：30

地点：国家会议中心 311 会议室（会议区 3 楼）

除了让您了解 2010 年中国家居建筑设计理念的最新趋势外，主办单位还邀请到来自德国卫浴协会的国际专家现场进行“欧洲十大卫浴发展趋势”的精彩演讲，该演讲内容涉及的国际趋势系由德国卫浴协会悉心整理及严格评估的结果，诸多创新理念在国内均属首见。另外，业界著名的吉博力公司也将在论坛上就最新的浴室节水技术进行发言。

除上述活动外，展会现场将设三大主题展示区。

展示区一：Design Plus 获奖设计展示

Design Plus 源自德国法兰克福的一个重要的产品设计奖项，是由世界闻名的国际设计论坛（Industrie Furom，IF）与德国法兰克福展览公司共同举办的设计竞赛，用以表彰具有特殊创意概念的设计，以及在形态和实用性方面带来突破的功能性设计产品。本届展会的来宾将有幸一睹 2009 年度 Design Plus 得奖设计的精华部分。

展示区二：全球十大浴室流行趋势展示

德国卫浴协会评估整理出的全球浴室流行设计趋势现场展示区，配合论坛的报告内容，将使所有来宾获得更为直观的感受。

展示区三：2010“吉博力杯”北京建筑装修设计大赛作品展示

主办单位将邀请业界著名的设计师们参与本次大赛，并且参加大赛的部分优秀作品将在 ISH China 展会开幕期间，在北京国家会议中心的展厅内向大家展示。

日期：2010 年 3 月 10—12 日（星期三～星期五）

时间：09：00 ～ 17：00

地点：国家会议中心 ISH China 展馆内

如有幸您能莅临上述活动,请您于 2010 年 2 月 9 日前填好表格并回复给我们。我们期待您的加入！

贵 宾 回 执

请选择出席的活动

☐ 我将参加 ISH China 2010 开幕式

☐ 我将参加 ISH China 2010 同期活动：顶级家用锅炉制造商联合新品发布会

☐ 我将参加 ISH China 2010 同期活动：2010 北京建筑装饰设计暨国际浴室设计趋势论坛

姓名：________________

职务：________________

公司：________________

电话：________________传真：________________

电子邮件：________________

回执请发至

全国工商联家具装饰业商会

电话：+86-10-58673452

传真：+86-10-58673454

电子邮件：cfdcc_guoyan@126.com

2012 年慕尼黑国际电子元器件博览会参展邀请函

展览日期： 2012 年 11 月 13—16 日

展览地点： 新慕尼黑展览中心

展览周期： 每两年一届

展出面积： 160 000 m^2

展品范围： 显示设备、电源、变压器、电池、封装工艺、伺服系统及驱动元素、电子设计、检验检测、组件和辅助系统、半导体、嵌入系统、传感器和微系统、印刷电路板和其他电路板、连接工艺、线缆、开关、被动元件等。

展会简介：

始办于 1964 年的慕尼黑国际电子元器件博览会在经历了 40 多年的健康发展后，如今已成为全球电子行业的顶级盛会。两年一个周期，来自全球各地的电子行业的精英们相聚在慕尼黑，共叙过去两年全球电子行业的发展，齐瞻电子市场的未来。届时，来自全球各地的知名电子企业将推出自己的最新成果；而为数众多的专业观众亦将不只流连于令人眼花缭乱的新产品、新技术发布，他们更多的是搜寻自己中意的客户、签订合作协议。

2010 年展会期间，有来自 45 个国家和地区的 2 595 家企业参展，其中 59% 来自海外，共接待专业观众超过 70 000 名。展商和观众都对展会的成绩表示满意。调查显示，齐全的参展产品和服务范围、展会在电子业界的领先地位、展会邀请业界重量级人物参加和展商的国际性是该展会最吸引人的因素。电子元器件展的汽车行业会议于展会前一天的 11 月 8 日举行。展会赢得了参会者的高度赞誉。

中国参展概况：

作为全球电子行业投资热点之一的中国大陆，2010 年共有 240 多家中国公司参展，总展出面积已经超过 3 000 m^2，其中有 40 多家公司申请面积在 20 m^2 以上，脱离了中国展区，融入了国际展区。展后的参展调研资料显示，有 91% 的展商表示参展效果非常好，并明确表示将继续参展，而且已有更多的参展公司表示在下一届的展会上申请的面积将在 20 m^2 以上，进入国际展区。

在多次成功组织中国展团赴德参展的基础上，**京慕国际展览有限公司**，作为慕尼黑博览会公司（MMG）的**在华总代理**，将全权负责该展会 2012 一切在中国地区的展会推广、筹备及签证、邀请函签发等工作，我公司将继续组织中国企业赴德参展。因展位有限，敬请有意参展企业尽快提交报名申请。

慕尼黑电子展中国总代理——京慕国际展览有限公司

联系单位：广州朗尔会展服务有限公司

地址：广州市天河区黄村东路启星商务中心 C 区 218 室

联系人：陈飞先生 13611488425

电话：010-82316583　传真：010-82316582

德国慕尼黑展览集团全球系列电子展：

2011 印度国际电子博览会　2011 年 9 月 7—10 日

南美巴西巴西国际电子元器件和组件博览会　2013 年 3 月

德国慕尼黑国际电子元器件博览会　2012 年 11 月 13—16 日

2012 年慕尼黑上海电子展　2012 年 3 月 20—22 日

2012 年慕尼黑电子元器件博览会参展申请表

报名截止：2011 年 10 月 10 日（展位有限，预订从速）

公司名称（中）						
公司名称（英）						
通信地址（中）					邮 编	
通信地址（英）						
联系人		电子邮箱			网址	
电 话		传真			手机	
我公司申请面积：□ 9 m^2 □ 12 m^2 □ 15 m^2 □ 20 m^2 □ 其他面积，请注明：□ m^2 一面开 □ 两面开 □						
预计随团人数			是否特装（20 m^2 以上）		□是 □否	
展品内容（中英文）	1			3		
	2			4		

参展约定：

1. 组团单位与参展企业在充分了解展会的基础上，本着自愿、平等互利的原则签订此参展申请表。

2. 参展企业须遵守展会的有关规定，如不得提早撤展、筹展，撤展时不得乱扔废物，展览期间不得零售、损坏展览有关设施，不得聚众闹事等，如因违规而造成不必要的损失，参展企业应承担相应的处罚。

3. 组团单位严禁侵犯知识产权的产品参展，参展企业因侵权行为而引起的法律纠纷与组团单位无关。

4. 为保证参展工作顺利进行，参展企业有责任按照我司摊位确认书中规定的时间办理护照展品运输、行程确定、摊位装修等各项工作，如因参展企业延误时间而影响以上各项工作，责任与组团单位无关。

5. 参展企业有责任按时交纳各项参展费用。如参展企业未能按时交齐各项费用，将被视为自动放弃参展，组团单位保留处理摊位的权利。如因为组团单位未能提供摊位给参展公司，组团单位将如数返还企业所交摊位费用。提交报名表一周内请支付报名费 2 000 元人民币和摊位费定金（不足 20 m^2 的 3 000 元人民币；20 m^2 以上的 8 000 元人民币；40 m^2 以上的 16 000 元人民币）。如由于参展商原因引起的退展，此项费用不退还。

6. 参展企业如按照组团单位通知时间送签证而所有人员被拒签而不能参展的，组团单位将本着减少参展企业损失的原则妥善处理，但已发生而不能取消的费用由企业自行承担。如参展企业延迟送签或由于自身原因而不能如期参展，参展企业须承担所发生的费用。组团单位保留处理摊位的权利。

7. 由于不可抗力或非组团单位的责任而不能履行出展计划的，组团单位应及时通知参展企业，并将参展企业所付费用扣除已支出的费用后全额退回。

8. 以上约定作为组团单位与参展单位之间达成的合同，经双方签字盖章后生效。此表传真件与原件具有同等效力。

（续表）

9. 由于两面开展位有限，我司对确认两面开摊位的原则为：A. 优先确认摊位申请面积大的参展公司；B. 摊位申请面积相同的情况下，优先确认付款早的公司；C. 付款时间相同的情况下，优先确认先提交报名表的公司。	
参加公司确认签字、盖章： 年　月　日	京慕公司确认： 年　月　日

联系人：陈飞，联系电话：020-82316583

相关链接

首届全国发酵行业高峰论坛暨全国生物发酵技术、设备展览会

（中国发酵工业协会 2007 年行业大会）

招展说明书

批准单位： 中国轻工业联合会

主办单位： 中国发酵工业协会

协办单位： 山东福田药业有限公司

诺维信（中国）投资有限公司

菱花集团有限公司

山东信乐味精有限公司

支持单位： 国家发改委

国家环境保护总局

山东省轻工办

展览地点： 济南舜耕国际会展中心

布展时间： 2007 年 11 月 26 日—2007 年 11 月 27 日

展览时间： 2007 年 11 月 28 日—2007 年 11 月 30 日

展会概要：

1. 权威的行业盛会——中国发酵工业协会主办

◇ 国内唯一专业面向发酵行业的展览会，参展企业和展品代表了行业的最高水平和最新发展趋势，是中国发酵行业规模最大、层次最高的专业展览会。

2. 全新的展示内容——包含从原料到产品生产直至废弃物处理全过程

◇ 展示交易内容丰富，涵盖发酵原料、发酵制品、发酵设备、发酵技术、环保新技术与设备、清洁生产技术与设备、节能降耗生产技术与设备七大版块。

3. 庞大的市场需求——发酵行业的产业规模居世界前列

◇ 2006 年发酵行业实现产值近 600 亿元，其中味精、柠檬酸、赖氨酸居世界前列，淀粉糖、酶制剂、酵母等也占据越来越重要的地位，从某种意义上讲，我国已成为多种发酵产品的“世界工厂”。

◇ 发酵行业对节能减排和资源高效利用的巨大需求：氨基酸行业新增环保投资将达到 25 亿～ 30 亿元，全行业实现清洁生产新增投资至少达 100 亿元。

4. 广泛的合作交流——跨地域、跨国界的参展企业与专业买家面对面

◇ 展会与高峰论坛同时举办，影响面广，保证专业观众质量。包括同期举办的其他重要活动：

2007 年淀粉糖生产与应用交流会；

2007 年酶制剂应用研讨会；

2007 年有机酸技术交流研讨会；

2007 年氨基酸技术交流研讨会。

5. 新原料、新设备、新技术现场演示、推介会

◇ 来自全国发酵行业重点企业的专业买家与参展商零距离接触，面对面洽谈、交流。

6. 强大的宣传攻势——全方位、多角度、立体化

◇ 网络、电视、报纸、杂志等媒体深度参与，宣传效应大，覆盖与辐射受众人数达到一定规模。

欢迎阁下加盟 2007 年度中国发酵行业最具权威性的专业展览会！

相信您和您的公司通过此次展览必将会在发酵行业这一专业领域拓展新的发展空间，开辟新的、更大的目标市场！

展览征集范围：

（1）发酵原料。

（2）发酵制品。

（3）发酵设备。

（4）发酵技术。

（5）环保新技术与设备。

（6）清洁生产技术与设备。

（7）节能降耗生产技术与设备。

媒体宣传、推广：

（1）专业媒体：《环境报》、《中国食品报》、《化工信息》等。

（2）专业网站：中国轻工业信息网、中国环保网、中国发酵信息网等行业内主要网站。并在中国发酵工业协会网开辟展会专栏。

（3）在北京召开新闻发布会，届时将邀请大量业内媒体记者参与报道。

展位费用及展位设施：

1. 标准展位（3 m × 3 m）

展位费用：5 000 元 /9 m^2/ 展期。

设施包含：三围板、一张咨询台、两把椅子、两只射灯、一个 220 V 电源插座、参展单位中英文楣板。

2. 净地

费用：500 元 / m^2/ 展期（按 36 m^2 起租）。

仅提供相应面积地面，无任何附带设施，若需另租。展位内用电费用由参展商按实际用电量另付。

参展流程：

（1）获取参展资料（电话联系或直接登录中国发酵工业协会网站，www.cfia.org.cn）。

（2）填写参展申请表，连同企业营业执照复印件传真或邮寄至中国发酵工业协会。

（3）协会收到申请表后确认参展资格。

（4）协会收到全额参展费用后，寄发参展商手册，其中包括报到、通知、布展要求及住宿安排等事宜的文件及相关资料。

（5）参展商按照手册中涉及的内容准时提交各种表格。

（6）需要特装的参展商自行寻找搭建商、运输商，或使用协会推荐的济南舜耕国际会展中心特装部。

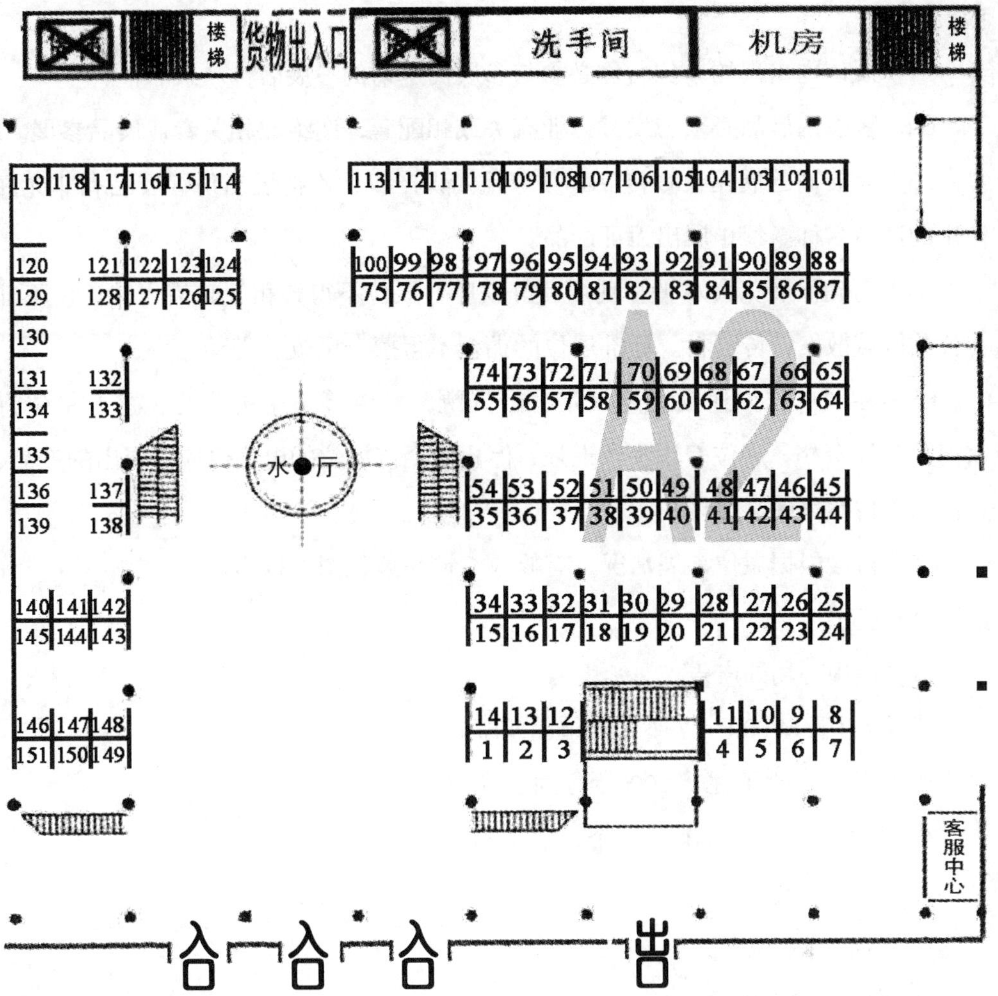

展位图

（7）参展商自行设定展会现场展台活动，并与协会事先沟通。

（8）开展前两天展商进馆搭建。

（9）展会第三天协会向参展商发放参展商意见反馈表，并于当日展会结束前回收。

（10）展会结束后当天展商撤馆。

特别提示：

（1）为保证展会整体形象，协会保留与参展单位协商并最终调整展台位置的权力。

（2）展位和广告位先订先得，额满为止。如有特殊要求请及时与协会商洽。

参展规定：

（1）展位内出现的单位名称必须与参展商申请的参展名称一致。

（2）展位内展品必须与发酵行业有关或相配套，谢绝非相关专业展品参展。

（3）参展商的展品及宣传品必须尊重知识产权，不得展出仿冒产品和非允许使用的产品名称。禁止展出无证产品。

（4）为确保展览会水平和现场良好秩序，展位不得转租、转借、转让；不准在公共区域散发宣传资料。标准展位的楣板不得擅自更改、变动。

（5）参展单位如违反上述规定，经提醒、警告等不予更改的，主办单位将取消其参展资格，展位费用不予退还，停止展期该展位的电力供应，展出的产品、宣传品等均撤离展览会现场。

（6）协会根据展位参展情况，有修改、调整展位图的权力。

展览广告宣传：

1. 会展中心场外广告

◇ 彩虹门，4 000 元 / 座，含单面条幅。

◇ 灯笼柱、鸽子柱，3 000 元 / 对，含单面条幅。

◇ 升空氦气球，2 000 元 / 个，含条幅。

2. 会刊广告费

◇ 封面：15 000 元。

◇ 封底：10 000 元。

◇ 封二、封三：8 000 元。

◇ 彩色整版：4 000 元。

会刊广告截止日期：2007 年 10 月 15 日。

优惠政策：

（1）免收特装施工管理费和电箱费。

（2）编印会刊，为参展商刊登企业或产品简介（500 字内）及会刊广告、展会信息等，参展企业将在展会期间免费获得参展会刊 1 本。

（3）免费提供商务活动洽谈专区服务。

（4）提供优惠住宿。

展览会账户：

开户名称：中国发酵工业协会

开户银行：中国工商银行北京市阜外大街分理处

账　号：0200049209024904228

联系方式：

地址：北京市西城区阜外大街甲 28 号京润大厦 305 室

邮编： 100037

电话：（010）68042080

传真：（010）68042080

联系人：李晓燕

E-mail：lxy@cfia.org.cn

网址 ：www.cfia.org.cn

小贴士：招展方案编订的顺序

招展说明书

一、展会基本内容

二、展会的日程安排

三、宣传推广方式

四、现场活动

五、展位费用及展位设施

六、展位图

七、参展流程

八、参展规定

九、参展办法

十、参展申请表

附件 1：会展产品的产业链分析

附件 2：会展产品的行业分析

附件 3：展会的地点分析

附件 4：招展工作的总体进度安排

附件 5：展会宣传推广的定价方案简介

附件 6：招展赞助方案简介

附件 7：参展商邀请函

工作任务二完成总结

工作任务二的完成要求

课业上交形式为两种：一是电子版；二是打印版。

对于电子版的形式：各小组组长（或指定的其他人）按招展方案编订的顺序把各个活动的成果即每部分的课业整理好,保存在“展前工作任务的课业”的文件夹内。

对于打印版的形式：各小组组长将课业按招展方案编订顺序码好，作为工作任务一的课业成果。

工作任务二完成情况评价表

各小组组长填写表 2.17，各小组组员填写表 2.18 和表 2.19。

表 2.17　工作任务完成情况评价表

班级		小组成员				
工作任务名称						
团队总分 （小组自评 20%+ 组间评价 20%+ 教师评价 60%）						
评价内容		分值	小组自评	组间评价	教师评价	实际得分
1. 我们一直都能准时参加团队工作		15				
2. 为了完成团队工作，我们做了大量的准备工作		30				
3. 我们对团队的工作成果满意		30				
4. 所有成员都对团队工作提出了自己的想法与意见		15				

（续表）

5. 我们在工作中礼貌待人并互相帮助		10				
合计		100				
自我评语						
组间评语						
教师评语						

表 2.18 个人评价表

个人姓名		团队分数			
个人贡献系数		个人成绩			
评价内容		完全符合	基本符合	基本不符	完全不符
1. 我一直都能准时参加团队工作					
2. 为了完成团队工作，我在课余时间也做了相关准备					
3. 我为团队工作获取了信息资料，完成了团队分给我的工作					
4. 我乐于助人并帮助过我的团队成员					
5. 我在团队讨论过程中能发表自己的观点					

说明：

（1）个人根据以上评价条目，在符合的项目后打“√”。

（2）组员之间比较评价结果，协商确定个人的贡献系数。

（3）用团队总分乘以个人贡献系数，得出个人分数。

（4）个人贡献系数按照 A 级 30%、B 级 60%、C 级 10% 的比例确定，如有疑义，求助教师解决。

表 2.19 教学评价表

教师姓名		权重（分值）			
评价内容		A. 很满意	B. 满意	C. 基本满意	D. 不满意
1. 老师教学能使我们情感和学习态度发生积极变化					
2. 老师很好地创设了会展前招展的情景，使课堂气氛活跃，我对此种方式很感兴趣					

（续表）

3. 老师鼓励我们去发现和提出问题，能以我们的问题为出发点，开展教学				
4. 课堂上，老师给我们设置的任务有吸引力，使我们可以围绕问题开展讨论、交流，合作学习				
5. 展前参展商的服务章节内容使我们掌握了会展企业如何招展以及如何建立参展商数据库，学会了招展方案或项目报告的撰写				
6. 老师对我们完成的任务给予了肯定鼓励表扬为主，使我们对学习更有信心				
7. 老师语言准确，教态亲切、有感染力				
8. 本任务提高了我们的团队合作和与人沟通的能力，使我个人的职业道德素质有所增强				
你希望教师从哪些方面改进，使你的收获更大，更有兴趣？				

技能测试习题

一、填空题

1. 会展产品的核心产品包括（　　　　）、（　　　　）、（　　　　）。

2. 会展活动包括（　　　　）、（　　　　）和特殊活动。

3. 会展主题要表现出艺术性，应（　　　　）、新颖 、（　　　　）、（　　　　）、上口，并能很好地表达出活动的意图。

4. 招展说明书的主要内容有（　　　　）、行业状况介绍、（　　　　）、（　　　　）和各种图案。

5. 展位号的表示方法通常依次由馆号、楼层号、（　　　　）和（　　　　）组成。

6. 会展宣传推广媒介包括（　　　　）、特种媒体工具、公共关系促销公具、（　　　　）。

7. 展位定价技巧包括（　　　　）、（　　　　）。

8. 收集目标参展商的方法有通过行业企业名录收集、通过专业报刊收集、通过（　　　　）收集、通过（　　　　）收集等方法。

9. 会展主题策划的特点有（　　　　）、独特性、刺激性、（　　　　）。

10. 会展活动里的展览包括（　　　　）和公益性展览。

二、简答题

1. 画出会展产品的剖析图。

2. 简述会展主题的含义。

3. 简述会展客户的构成体系。

4. 简述寻找目标参展商的方法。

5. 简述招商的含义。

6. 简述宣传推广的媒介。

7. 简述招展说明书包括的内容。

8. 简述展会赞助方案包括的内容。

9. 简述划分展区展位的原则。

10. 会展主题策划的要点有哪些？

11. 影响展位价格的因素有哪些？

12. 简述招展的含义。

13. 展位定价技巧里的差别定价技巧包括哪些？

14. 招展说明书里的展会的基本内容包括哪些？

15. 建立参展商数据库的原则是什么？

16. 会展产品定价涉及哪几类产品和服务的价格问题？

三、案例分析题

（一）第十四届上海国际车展于 2011 年 4 月 19 日——4 月 28 日在上海新国际博览中心举行。请阅读以下材料：

材料一：2011 上海国际车展开设网上展厅，共有 90 个品牌 549 款车型在网上展示。网上展厅开设展车图片、购车指导、视频观展等频道使网友能在网上参与车展，并进行实时讨论。但网上展会仅局限于展示，并不提供订单服务。

材料二：上海国际车展参考票价：

票　　种	使用时间	票价（元 / 张）
专业日观众票	4 月 21 日—22 日	100
公众日当日票	4 月 23 日—24 日	80
	4 月 25 日—28 日	50
公众日通用票	4 月 25 日—28 日	80

根据以上材料及现实情况，回答以下问题：

1.（1）请简要回答：与实物展会相比，网上展会有哪些差异？

（2）结合实际，你认为网上展会能取代实物展会吗？

2. 假设公众日票为开展前提前销售，但直到 4 月 15 日，公众日票仅售出总量的 1/3。若你是展会的工作人员，你将如何解决这个问题？

（二）应该如何看待和处理上门拜访的销售方式。

请阅读以下材料：

作为初涉商场的会展销售人员，学习一下拜访客户的基本知识是十分必要的，这对今后的工作会有所助益。为此，您要注意处理以下问题：

拜访顾客以前，你是否注意到了几个不可忽视的必备条件？

访问客户时经常会碰到对方不在的情况，但往往在传达室或者前台有值班人员。在这种情况下，你认为应该怎么办？

有时对方拒绝会面，拒绝的理由可能是“没有时间”、“出差了”、“工作太忙”或“正在开会”等；遇到这种情况，应该怎么办？有的销售人员遇到这种情况会再三恳求说：“两分钟也行，务必要见一面。”是否适当？ 为什么？

此外，有的时候虽事先已和对方约好时间了，但去了之后，对方却不在场，或者正在和别的客人谈话。尤有甚者，在你苦等了很长时间后，对方却对你说：“改天再来吧！今天没有时间了。”也有的时候你正在那里等着，但眼看着比你晚来的客人一个接一个地被对方接待，而对方却故意不理睬你。有时好不容易轮到接待你了，对方却临时有什么事，而且随后就走了。尤其是第一次去对方那里访问，对方出于礼节不得不接待你，其实对方心里很不耐烦，结果很不顺利。应该如何看待这种情况？

针对上述情景下的问题提出处理意见或看法，并指出上门拜访的优缺点。

四、技能测试题

顺德家电展以服务宣传创新

2006年的顺德家电展，给展商最大的体会是本届会议周到、细致的服务工作和全方位的宣传工作的创新。与往届相比，从展会前到展会现场，从展会的硬件设施一直到软件服务，都让展商们非常满意。

组委会为展商和客商提供了家电认证、检测机构和电子商务、物流服务等直接的服务项目；提供了诸如信息咨询、展台设计等相关服务项目；首次增设设计专区，倡导“精于心，简于形”的设计理念，发布家电产品流行趋势；在广场外搭建了美食街，最大程度地满足了客商对于餐饮等方面的需求……

同时，本届家电展继续加大中外家电行业杂志等专业渠道宣传力度，选择投放海外主流家电媒体和贸易媒体，增加投放主流报刊和权威商业杂志，投放电视及主干道路牌、机场灯箱广告，提升网站宣传功能，从业界推广和公众形象两个层面提升家电展品的品牌认可度。已先后在6家公众媒体、13家专业媒体和3家国际网站进行广告推广。此外，还通过合作组织广泛宣传，如委托日本电机工业会、韩国电子工业协同组合和香港贸发局等国际机构发布顺德家电展信息，在香港电子展、广交会和国内各知名展览会以及在德国科隆展、俄罗斯家电展、杜拜家电展等多个由贸促会组团参加的国际展会上，通过招展小组到会、委托参展企业、委托合作宣传机构等多种形式宣传推介。

问题：

1. 顺德家电展的会展产品有哪些？

2. 展商的主要营销策略是什么？

（技能测试题参考答案）

一、会展产品：从会展产品的核心产品、形式产品和附加产品角度回答。

二、营销策略：大型展会临近开幕时，你获得的信息应该比竞争对手多才行。

1. 促销的媒体和工具。

在展览出版物上刊登广告；组织竞赛活动，但在展览会期间结束；邮寄系列广告宣传品；邮寄三维广告宣传品；开展电话预约活动；发送展会上用的参考卡片；投放杂志、投放电视及主干道路牌、机场灯箱广告，网站宣传等。

2. 成功的展前促销至少包括以下两个部分。

（1）让潜在客户采取行动，如保证去看产品演示；

（2）为客户采取的行动提供反馈工具，比如网站注册、800 电话、门票等。

3. 下面是几个展前促销的方法。

（1）刊登广告。让潜在客户能获得一份产品指导手册，里面包括诸如“怎样才能买到 ×× 产品？”这样的内容。

（2）为你的展览制作一个袖珍版的《指南》。上面有标明展台位置的地图、空白展览日历、当地餐馆的名录以及重要的电话号码。

（3）神秘的东西要让人忽视是很难的。可以故意制造悬念，使客户产生好奇心，以达到让客户了解的目的。

工作任务三

展中客户（参展商）服务

学习目标

- 通过多种途径寻找有效资料，介绍客户服务专员的岗位职责及应具备的素质，设计自己的职业形象。
- 学会制作参展商登记表。
- 明确展会开幕时展商的接待工作，进行言行举止演示并熟记注意事项。
- 学会撰写展会中突发事件的应急方案。

任务背景

沿用工作任务二的分组形式，每小组根据工作任务二的项目确定情况继续展开并完成工作任务三的项目活动。小组进行讨论和情境模拟，完成职业形象设计、以客户专员职业形象接待参展商、设计参展商登记表、解答现场参展商的疑问、更新参展商数据库、设计应急方案等内容。

工作任务的具体要求

各小组根据上述任务背景描述，完成以下工作。

- 明确会展行业职业形象的素质和能力要求，进行自我剖析、自我总结。
- 完成接待参展商工作，注意礼仪规范。

- 解答现场参展商各种问题，要求具备职业素质。
- 完成参展商登记表设计及填写工作。登记表设计要合理、方便、真实，有新填补的信息，为完善数据库做铺垫。
- 进行情境模拟，起草会展应急方案，要求格式符合规范、实际可行、可操作。

小贴士：特别提示

上述的“工作任务的具体要求”及后述的每个活动完成时的“能力培养”是教师为各小组的演示过程中及演示后课业打分的依据。

项目一

明确展中的前期工作

工作描述

在展会过程中要做好前期工作，如准备好参展商登记表、做好展会应急预案。请参展商在参展商登记表中填写有关信息（参展商登记表与参展申请表不完全一样。参展商登记表可以多一些信息，为完善参展商信息数据库做铺垫）。无论是举行会议还是举办展览，都要针对突发事件，提前制订应急方案，以规避风险。做好前期工作，是让所有人安心参加展会的前提保障。

活动一　制作参展商登记表

活动内容

制作参展商登记表。

活动引导

通过浏览各展会网站、咨询相关人士、查看相关资料或其他方式，整理、总结此次活动任务的有关信息和相关资料。各小组组长分配任务，填写工作分工表，如表 3.1 所示。小组成员分工收集资料、分配任务、合作完成既定展会的参展商登记表的制作。

表 3.1 小组工作分工表

展会简称		展会名称	
活动名称			
小组成员			
组员分工情况			

查阅的内容：① 往届展会或其他展会的参展商登记表是什么样的；② 往届展会或其他展会参展商登记表都有哪些内容。

商定的内容有：① 参展商登记表如何设计；② 参展商登记表都有哪些内容。

这些都要一一做好记录，为参展商登记表的制作提供依据。

可手写也可打印。但无论采取何种形式书写，所用纸张大小要一致。

在学生查阅、讨论、商定过程中，教师及助教要做好指导、指点工作，并为每个小组分别做出点评、提出改进意见或建议。

最后，各小组将此次活动的成果自行保存，保存地址小组自定。完成整个工作任务时再将成果上交。针对此事，教师应提前提醒。此次活动的成果将是课业（展中工作任务的课业）中的一部分。

能力培养

通过完成此次活动任务，培养学生的各方面能力：① 抉择能力；② 团队合作精神；③ 解决冲突的能力；④ 参与能力；⑤ 沟通能力；⑥ 利用网络，使用 Word、Excel、PPT 等办公软件的能力；⑦ 语言表达能力；⑧ 创新意识。

小贴士：存档要求

此活动任务成果的建议标题为“展会名称 + 活动名称”，如“第七届草莓大会参展商登记表”。若采用手写形式，课业结尾应注明班级，以及组员姓名。若采用电子版形式，保存的文件名为“展会名称 + 活动名称 + 组员姓名”。

理论知识学习

《参展商登记表》与《参展申请表》

《参展商登记表》与展前的《参展申请表》是不完全一样的。《参展商登记表》上可以多设置一些信息，为完善参展商信息数据库做好铺垫，如参展人、展位号的确定、人员职务等信息。

设计表格时应将重点突出，从首因效应的角度出发，将表格制作得美观、和谐，让人填写表格时不感觉厌烦。

活动二 制定会展专项应急预案

活动内容

延用上述一系列的活动成果，针对在展会举办过程中可能会发生的危险事件，通过各种有效的学习方法、专项应急预案，如听教师讲解、上网学习、查看有关资料等，进行情境模拟，制定会展专项应急预案。每个小组讨论并提出会展中可能发生的三件突发危险事件，由教师审查判定每个小组提出的突发危险事件是否合理。

活动引导

小组成员分工收集资料，提出可能会发生的三件突发事件。得到教师肯定后，小组成员合作完成既定展会专项应急预案的制定。各个小组组长分配任务，填写工作分工表，如表 3.2 所示。

表 3.2 小组工作分工表

展会简称		展会名称	
活动名称			
小组成员			
组员分工情况			

查阅的内容包括：① 往届展会或其他相关展会中发生的突发危险事件都有哪些；② 往届展会或其他相关展会中专项应急预案都包括哪些内容；③ 往届展会或其他相关展会中专项应急预案是如何编写的。

商定的内容有：① 小组既定展会中可能会出现的突发危险事件；② 小组既定展会的专项应急预案应如何撰写。

这些都要一一做好记录，为展会中突发危险事件的专项应急预案的撰写提供依据。

可采用手写形式，也可打印。但无论采用何种形式书写，所用纸张大小要一致。

在学生查阅、讨论、商定过程中，教师及助教要做好指导、指点工作，并为每个小组分别做出点评、提出改进意见或建议。

最后，各小组将此次活动的成果自行保存，保存地址小组自定。完成整个工作任务后再将成果上交。针对此事，教师应提前提醒。此次活动的成果将是课业（展中工作任务的课业）中的一部分。

能力培养

通过完成此次活动任务，培养学生各方面的能力，包括：① 团队合作精神；② 解决冲突的能力；③ 参与能力；④ 沟通能力；⑤ 利用网络，使用 Word、Excel、PPT 等办公软件的能力；⑥ 语言表达能力。

小贴士：存档要求

此活动任务成果的建议标题为“展会名称 + 活动名称”，如“第七届草莓大会专项应急预案的撰写”。若采用手写形式，课业结尾应注明班级，以及组员姓名。若采用电子版形式，保存的文件名为“展会名称 + 活动名称 + 组员姓名”。

理论知识学习

一、综合应急预案和专项应急预案

（一）综合应急预案

综合应急预案是从总体上阐述事故的应急方针、对策，应急组织结构及相关应急职责，应急行动、措施和保障等基本要求和程序，是应对各类事故的综合性文件。

（二）专项应急预案

专项应急预案是针对具体的事故类型（如火灾、踩踏、危险化学品泄漏等事故）、危险源和应急保障而制订的方案，是综合应急预案的组成部分，应按照综合应急预案的程序和要求组织制定，并作为综合应急预案的附件。专项应急预案应包括明确的救援程序和具体的应急救援措施。

二、专项应急预案的内容要求

专项应急预案应包括：① 编制目的；② 危险性分析；③ 组织机构及职责；④ 应急响应：应急级别（Ⅰ级、Ⅱ级、Ⅲ级等），应急救援程序、措施，应急结束。

小贴士：危险性分析

危险性分析即危险源分析，可以从周边设施、展品性质、人群类别、人流量、展会性质、设备等角度展开。

项目二

明确会展的接待工作

工作描述

完成了展中的前期准备工作，接下来的工作任务就是接待参展商。首先要明确会展客户服务专员的职责及能力要求，并塑造自己的职业形象。通过学习理论知识、上网学习、咨询相关人士等方法，了解对会展客户服务专员的能力要求等；通过分析自身的特点特征，塑造属于自己独特的职业形象，为更好地开展会展接待工作打下基础。无论是从事会议的接待工作还是展览的接待工作，都要注意自己的言行举止，遵守各种礼仪规范，展示个人素质，提高企业形象。

活动一　明确会展客户服务专员职责

活动内容

通过各种有效方法，了解会展客户服务专员应具备的素质要求、能力要求及职责要求等。活动任务的成果要求上传或上交。

活动引导

小组成员合作完成客户服务专员职责的总结工作。

查阅的内容包括：① 会展客户服务专员的素质要求，② 会展客户服务专员的能力要求，③ 会展客户服务专员的资格要求，④ 会展客户服务专员的职责范围等。

这些信息都要一一做好保存，为完成此次活动任务的作业提供依据。小组成员在讨论、查阅、咨询后自行完成作业要求。

可采用手写形式，也可打印。但无论采用何种形式书写，所用纸张大小要一致。

在学生收集资料信息、讨论、商定过程中，教师及助教要做好指导、指点工作，并挑选出典型作业，做好点评，提出修改、改进意见或建议。

能力培养

通过完成此次活动任务，培养学生各方面的能力，包括：① 总结概括的能力；② 认真的精神；③ 利用网络、邮件，使用 Word、Excel、PPT 等办公软件的能力；④ 抗压能力。

小贴士：上交要求

此活动任务成果的建议标题为“展会名称 + 活动名称”，如“第七届草莓大会客户服务专员职责”。若采用手写形式，作业结尾应注明班级及姓名。若采用电子版形式，保存的文件名为“班级 + 展会名称 + 活动名称 + 姓名”。

小贴士：上传要求

上传要求：邮件以“专业名称 + 班级名称 + 展会名称 + 活动名称 + 姓名”为主题发送；正文基本格式为：“×× 您好，请您查收 ×× 正文（附件），正文（附件）内容是……，谢谢！”

理论知识学习

一、会展客户服务专员的职责范围

会展客户服务专员负责指定展会的招展招商工作。

二、会展客户服务专员的资格要求

（1）大专及以上学历（有相关工作经验者可放宽条件），具有一定的英文说写能力。

（2）普通话标准、流利，声音圆润、有亲和力，具备较强的语言表达能力，懂粤语最好。

（3）具有良好的沟通、协调能力，富有团队合作精神。

（4）具备良好的心理素质，工作态度积极乐观，勇于承受工作压力，敢于接受挑战。

（5）具有优良的客户服务观念及电话沟通技巧。

（6）熟悉电脑操作，熟练操作 Office 等办公软件，对网络操作有认知。

三、会展客户服务专员的能力要求

（1）能完成指定展会的招展、招商目标。

（2）可按时准确完成工作报告。

活动二　塑造职业形象

活动内容

延用上述一系列的活动成果，对自己进行分析、认识，根据自己的特点、特征塑造自己的职业形象。

活动引导

通过学习理论知识、浏览各展会网站、咨询相关人士等方式，总结、思考此次活动任务如何完成。小组成员相互帮助完成个人职业形象塑造工作。任务要求每人以职业装扮的形象完成展示。教室的要求：配备镜子，可以自我审视，有助于互相评价。

小组成员自己查阅资料，但要相互帮助。查阅的内容：① 会展公司的客服专员的职业形象要求，② 与会展相关的公司客服专员的职业形象要求，③ 其他公司客服专员的职业形象要求。

学生要根据这些信息、资料，加上对自己的特征特点分析，塑造属于自己的职业形象。

在学生收集资料信息、塑造形象过程中，教师及助教要做好指导、指点工作，并挑选出典型人物，做好点评，提出修改、改进意见或建议。

能力培养

通过完成此次活动任务，培养学生各方面的能力，包括：① 分析判断能力；② 审美意识。

理论知识学习

一、个人形象设计的注意事项

（1）设计个人形象最重要的是个人定位。

（2）“首轮效应”在形象塑造中起关键作用。在人际交往中，特别是初次交往中，留给人的第一印象是最重要的。

俗话说，“人靠衣装，佛靠金装”。个人形象设计并不仅仅局限于个人发型、化妆和服饰的设计，它不仅包括外在形式，如服饰、化妆等，而且也包括内在性格的外在表现，如气质、举止、谈吐、生活习惯等。西方学者总结得出了形象沟通的“55387”定律：外表、穿着、打扮占第一印象影响的55%，肢体语言及语气占38%，而谈话内容的影响只占到7%。可见，注重给人的第一印象及自己的外表形象对于我们生活和事业的发展是多么重要。

二、个人形象设计的要素

个人形象设计包括以下要素。

（一）体形要素

完美的体形固然要靠先天的遗传，但后天的塑造也是相当重要的。坚持健体护身、合理饮食，保持宽容豁达的心态，有利于保持良好的形体。虽然体形是很重要的因素，但不是唯一的因素，只有在诸要素都统一和谐的情况下，才能塑造出完美的形象。

（二）发型要素

随着科学技术的发展，美发工具不断更新，各种染发剂、定型液、发胶层出不穷，为不同年龄、职业、头型和个性的人塑造了千姿百态的发型和式样，而这些发型的式样和风格又将更好地体现人物的性格及精神面貌。

（三）化妆要素

化妆是传统、简便的美容手段，化妆用品的不断更新换代使过去简单的化妆发展到当今的化妆保健，使化妆有了更多的内涵。“浓妆淡抹总相宜”，从古至今人们都偏爱梳妆打扮，特别是逢年过节和喜庆之日，更注重化妆，可见化妆对展示自我的重要性。淡妆高雅、随意，彩妆艳丽、浓重。施以不同的妆容，与服饰、发式和谐统一，将更好地展示自我、表现自我。化妆在形象设计中起着画龙点睛的作用。

化妆的基本注意事项如下。

（1）化妆要自然，妆成有却无，如唇彩应考虑服饰、肤色的搭配，眼影应自然过渡。

（2）化妆要美化：庄重保守，不求时尚前卫，要符合常规审美标准。

（3）化妆要避人。

（四）服装款式要素

服装造型在人物形象中占据着很大的视觉空间，因此，也是形象设计中的重头戏。选择服装款式、比例、颜色、材质，还要充分考虑视觉、触觉与人所产生的心理、生理反映。服装能体现年龄、职业、性格、时代、民族等特征，同时也能充分展示这些特征。一个形象设计师除了应熟练掌握美发美容工艺外，还要了解服装的款式造型设计原理，及服装的美学和人体工程学的相关知识。当今社会人们对服装的要求已不仅是干净整洁，而是增加了审美的因素。因人而异，服装在造型上有 A 字形、V 字形、直线形、曲线形等；在比例上有上紧下松或下紧上松；在类型上有传统的含蓄典雅型、现代的外露奔放型等。服装款式要素如果运用得当，将起到扬长避短的效果。

（五）饰品、佩件要素

饰品、佩件的种类很多，颈饰、头饰、手饰、胸饰、帽子、鞋子、包袋等都是人们在穿着服装时最常用的。由于每一类饰佩所选择的材质和色泽不同，设计出的造型也千姿百态，能恰到好处地点缀服饰和人物的整体造形。它能使灰暗变得亮丽，使平淡增添韵味。如何选择佩戴服饰，能充分体现人的穿着品位和艺术修养。

（六）个性要素

在进行全方位包装设计时，要考虑一个重要的因素，即个性要素。回眸一瞥，开口一笑，站与坐，行与跑都会流露出人的个性特点。忽略人的气质、性情等个性条件，一味地追求穿着的时髦、佩戴的华贵，只会给人以浮夸之感。只有当“形”与“神”达到和谐时，才能创造一个自然得体的新形象。

（七）心理要素

人的个性有着先天遗传和后天塑造两种因素，而心理要素完全取决于后天的培养和完善。高尚的品质、健康的心理、充分的自信，再配以恰当的服饰效果，是人们迈向事业成功的第一步。

（八）文化修养要素

人与社会、人与环境、人与人之间是有着相互联系的，在社交中，谈吐、举止与外在形象同等重要。良好的外在形象是建立在自身的文化修养基础之上的，而人的个性及心理素质则要靠丰富的文化修养来调节。具备了一定的文化修养，才能使自身的形象更加丰满、完善。

在形象设计中，如果将体形要素、服饰要素比做硬件，那么文化修养及心理素质则是软件。硬件可以借助形象设计师来塑造和变化，而软件则需靠自身的不断学习和修炼。“硬件”和“软件”合二为一，才能达到形象设计的最佳效果。

三、女性和男性着装、佩戴的不同要求

（一）女性

（1）女性佩戴首饰，应以符合身份为宜，以少为佳。佩戴原则：同质同色。

（2）在商务交往场合，女性应着裙装，应注意“五不准”：① 黑色皮裙不准穿；② 正式高级场合不准光腿；③ 残破的袜子不准穿（随身带一备用袜）；④ 鞋袜不准不配套，不准穿便装鞋，要穿双包鞋（前不露脚趾后不露脚跟）；⑤ 裙袜之间不准有空白，否则被称为“三节腿”。

（3）高级场合：男性看表，女性看包。普通商务场合：男性看腰，女性看头（不染发、不长于肩部，可盘发，尽量不要束发，因为束发不太正式且有年龄限制）。

（二）男性

男性正装为西装。应遵循以下“五个三原则”。

（1）三色原则：全身颜色不得多于三种颜色（色系）。

（2）三一定律：鞋子、腰带、公文包三处保持同一种颜色，黑色最佳。

（3）三大禁忌：左袖商标没有拆掉；穿尼龙袜或白色袜；领带质地选择真丝和毛的，除非制服配套否则不用“一拉得”。颜色一般采用深色，短袖衬衫打领带只能是制服短袖衬衫，夹克不能打领带。

（4）服饰三要素：色彩、款式、面料。

（5）正装（西装）三要求：单色、深色（首选蓝、次选灰、后选黑，黑色多用于婚丧等仪式）；纯毛；单排扣。

活动三　接待参展商

活动内容

接待参展商，为参展商解决各种问题，是会展中不可或缺的工作。

教师讲解说明接待礼仪和注意事项，学生应熟记于心，并进行演示。需要注意的事项很多，而要想做好这些也有一定难度，所以小组成员要在一起探讨、模拟练习。小组成员应继续合作完成。

活动引导

通过学习理论知识、浏览各有关网站、咨询相关人士、查看相关资料等方式，总结、熟记接待等礼仪规范。小组成员之间相互帮助、相互指导，完成参展商接待礼仪的演示任务。

情景模拟演示：小组成员抽签进行情景模拟，演示如何接待参展商，注意运用接待技巧和遵守礼仪规范。在演示中，学生应随机应变。小组中没有演示的成员点评演示的效果，并指出问题、纠正错误、提出建议。

学生学习、演示过程中教师及助教都要一一做好记录，为每个小组的演示打分，并分别做出点评，提出修改、改进意见或建议。

能力培养

通过完成此次活动任务，培养学生各方面的能力，包括：① 应变能力；② 团队合作精神；③ 解决冲突能力；④ 参与能力；⑤ 沟通能力；⑥ 语言表达能力；⑦ 自信、勇敢的精神；⑧ 抗压能力。

理论知识学习

礼仪内容丰富多样，但它有自身的规律性。基本的礼仪原则如下：

一是敬人的原则；

二是自律的原则，就是在交往过程中要克己、慎重，积极主动，自觉自愿，礼貌待人，表里如一，自我对照，自我反省，自我要求，自我检点，自我约束，不妄自尊大、口是心非；

三是适度的原则，适度得体，掌握分寸；

四是真诚的原则，诚心诚意，以诚待人，不逢场作戏、言行不一。

一、接待礼仪

（一）走

这是初次见面的始点。走，要走出气魄，走出力度，走出自信，走出风度，走出情感。当走向一个初次见面的人时，应先面对镜子，整理一下服饰、仪容，更重要的是应调整一下表情，再自信地走向对方。

（二）握手

握手时力度要适中，不要太轻，也不要太重；在心里默数 5 个数后再放开手。

1. 握手必须用右手

如果你的右手正在做某项工作抽不出来时，要向对方特别说明，或者一面点头致意，一面摊开双手，表示歉意，取得对方的谅解，并立刻洗好手，热情招待。如果戴着手套的话，应该把手套脱下来，放好或拿在手里，再和对方握手；不要戴着手套与对方握手，也不应该把脱下的手套随便乱放。对女性握手的要求相对宽松一些，可以不摘手套；如果女性摘下手套，则表示对对方特别敬重。女性如果同老年人握手，则应该摘下手套。

2. 握手要讲究次序

年长的先向年轻的伸手，女性先向男性伸手，老师先向学生伸手。如果两对夫妇见面，先是女性互相致意，然后男性分别向对方妻子致意，最后才是男性相互致意。拜访时，一般地是主人先伸手；告别时，客人先伸手，表示并示意对方留步。

3. 伸给对方的手应该是清洁的

伸给对方的手应是清洁的，如果伸出一只脏手会给对方留下不好的印象。如果正在干着脏话，应当立即洗干净再握手。如果对方的手正在干着脏活，应当换一种方式向对方致意。

4. 握手要热情

握手时要热情，面露笑容，注视着对方的眼睛，并根据不同场合，边握手边打招呼。如果漫不经心地伸出手，并且在握手时东张西望，就会给对方不好的印象。如果握手时表现得很热情，会使对方感到温暖。如对方早已伸出手，而你却迟迟不伸手相握，那不仅仅是一种失礼，而且会使你的社交目的很难达成。

5. 握手时要尊重对方

握手是向对方表示尊重的最好契机，要充分利用。握手时，身体可微微向前倾，以示尊重；用力要适当，要稍持续一段时间，切不可有气无力，蜻蜓点水；握手要握得全面，不要只抓一下指尖。

（三）引导

（1）要走在客人前面。上楼、下楼都走在客人前面，距离为一两个台阶，不要走得太快。

（2）要让客人走楼梯的内侧，主人走外侧。内侧即绕着中心的一侧。

（四）穿着

接待人员服饰要整洁、端庄、得体、高雅；女性应避免佩戴过于夸张或有碍工作的饰物，化妆应尽量淡雅。

如果来访者是预先约定好的重要客人，则应根据来访者的地位、身份等确定相应的接待规格和程序。在办公室接待一般的来访者，谈话时应注意少说多听，最好不要隔着办公桌与来人说话。对来访者反映的问题，应作简短的记录。

二、个人礼仪

（一）仪表

仪表是指人的容貌，是一个人精神面貌的外观体现。

1. 卫生

清洁卫生是仪容美的关键，是礼仪的基本要求。无论长相多好，服饰多华贵，若满脸污垢、浑身异味，必然会破坏一个人的美感。因此，每个人都应该养成良好的卫生习惯，做到入睡起床洗脸、脚，早晚、饭后勤刷牙，经常洗头又洗澡，讲究梳理勤更衣。不要在人前打扫个人卫生，如剔牙齿、掏鼻孔、挖耳屎、修指甲、搓泥垢等，这些行为都应该避开他人进行，否则，不仅不雅观，也是对他人的不尊重。与人谈话时应保持一定距离，声音不要太大，不要对人口沫四溅。

2. 着装得体

服饰反映了一个人文化素质之高低，审美情趣之雅俗。具体说来，它既要自然得体，协调大方，又要遵守某种约定俗成的规范或原则。着装不但要与自己的具体条件相适应，还必须时刻注意客观环境、场合对人的着装要求，即着装打扮要优先考虑时间、地点和目的三大要素，并努力在穿着打扮的各方面与时间、地点、目的保持协调一致。

（二）言谈

言谈作为一门艺术，也是个人礼仪的一个重要组成部分。

1. 礼貌

态度要诚恳、亲切；声音大小要适宜，语调要平和沉稳；尊重他人。

2. 用语

多使用敬语，即表示尊敬和礼貌的词语，如日常使用的“请”、“谢谢”、“对不起”、“您”等。初次见面为“久仰”；很久不见为“久违”；请人批评为“指教”；麻烦别人称“打扰”；求给方便为“借光”；托人办事为“拜托”，等等。要努力养成使用敬语的习惯。现在，我国提倡的礼貌用语是10个字：“您好”、“请”、“谢谢”、“对不起”、“再见”。这10个字体现了文明的基本语言形式。

（三）仪态举止

1. 谈话姿势

谈话的姿势往往反映出一个人的性格、修养和文明素质。所以，交谈时，首先双方要互相正视、互相倾听，不要东张西望、看书看报、面带倦容、哈欠连天。否则，会给人心不在焉、傲慢无理等不礼貌的印象。

2. 站姿

站立是人最基本的姿势，是一种静态的美。站立时，身体应与地面垂直，重心放在两个前脚掌上，挺胸、收腹、收颌、抬头、双肩放松。双臂自然下垂或在体前交叉，眼睛平视，面带笑容。站立时不要歪脖、斜腰、曲腿等，在一些正式场合不宜将手插在裤袋里或交叉在胸前，更不要下意识地做些小动作，那样不但显得拘谨，给人缺乏自信之感，而且也有失仪态的庄重。

3. 坐姿

坐，也是一种静态造型。端庄优美的坐，会给人以文雅、稳重、自然大方的美感。正确的坐姿应该腰背挺直，肩放松。女性应两膝并拢；男性膝部可分开一些，但不要过大，一般不超过肩宽。双手自然放在膝盖上或椅子扶手上。在正式场合，入座时要轻柔和缓，起座要端庄稳重，不可猛起猛坐，弄得桌椅乱响，造成尴尬气氛。不论采取何种坐姿，上身都要保持端正，如古人所言的“坐如钟”。做到这点，无论怎样变换身体的姿态，都会显得优美、自然。

4. 走姿

行走是人生活中的主要动作，走姿是一种动态的美。“行如风”就是用风行水上来形容轻快自然的步态。正确的走姿是轻而稳，胸要挺，头要抬，肩放松，两眼平视，面带微笑，自然摆臂。

三、接待礼仪的其他注意事项

（1）礼貌服务三要素。

① 接待“三声”：来有迎声、问有答声、去有送声；

② 文明“五句”：问候语“您好”、请求语“请”、感谢语“谢谢”、抱歉语“对不起”；

③ 热情“三到”：眼到（注视部位：头部和双眼；注视角度：平视，不要时仰视；注视时间：注视时间应占相处总时间的 1/3）；口到（讲普通话；因人而异、区分对象）、意到（要有表情；表情要与客人互动，如微笑服务；不卑不亢，如笑时露八颗牙齿）。

（2）陪同接待人员将客人介绍给公司董事长和总经理的顺序。此为不分男女、不分老幼、不看职务的宾主介绍，应先按职务高低介绍主人（客人有优先知情权），再将客人介绍给主人。

（3）陪同引导人员引导客人上楼的前后顺序。如果客人认路，进出门、上下楼，前面位置为尊；如果客人不认路，则引导人员应在客人左前方。

（4）进行接待商务宴请（便宴）时，应优先考虑菜肴安排问题。最关键的是了解客人不能吃什么，首先要问“请问您有什么忌口的？”

在外事交往中应注意外国人忌口：① 中式动物内脏；②动物头脚；③ 宠物（猫、狗、鸽子）；④ 珍稀动物；⑤ 淡水鱼；⑥ 无鳞无鳍的鱼（蛇、鳝、泥鳅、鲶鱼）。

伊斯兰教忌猪、烟、酒、血；佛教忌荤腥，如有异味的葱、蒜和韭菜等。

土客吃“洋”，洋客吃“土”：吃特色，吃文化，吃环境。

欧美人爱吃面食、油炸食品、酸甜食品、大块肉或肉片；饭前吃开胃菜，饭后备甜品。

（5）向客人提问时，应尽量采用封闭式询问。如“请问您喝咖啡还是茶”，而不要采用开放式提问：“需要什么饮料？”

（6）会议中的座次安排应遵循 3 项基本原则。① 前排职务高于后排；② 中央职务高于两侧；③ 政务活动中以左为上，国际惯例或商务活动中以右为上（左右指就座人之间的左右，与观众视角无关）。

相关链接

北京市突发公共事件总体应急预案节选

1. 目的和依据

1.1 目的

针对北京突发公共事件的现状和特点，通过编制预案，要达到以下目的：

● 整合现有突发公共事件组织管理机构和信息等资源，建立应对突发公共事件防范、指挥、处置体制和机制；

● 通过规范突发公共事件的等级分类，确定不同等级突发公共事件的启动程序，明确各级政府及相关组织的职责和权利；

● 通过整合现有突发公共事件紧急处置资源，建立分工明确、责任到人、优势互补、常备不懈的突发公共事件处置保障体系；

● 通过整合现有突发公共事件的信息资源，实现信息资源共享，形成机制优化、反应灵敏的信息支撑系统；

通过总体预案的实施，切实加强基础工作，理顺管理体制和机制，实现防范系统化、决策科学化、指挥智能化、保障统筹化，从而进一步提高北京城市应对突发公共事件的能力。

……

2. 危险性分析

……

3. 组织机构与职责

3.1 应急组织机构与职责

3.1.1 设立北京市突发公共事件应急委员会，统一领导全市突发公共事件应对工作。

委员会的职责是：

- 研究确定全市应对突发公共事件重大决策和指导意见；
- 审定市突发公共事件总体应急预案；
- 开展特别重大、重大突发公共事件的组织指挥。

……

3.2 组织体系框架

……

4. 应急响应

4.1 分级响应

4.1.1 预案启动

特别重大突发公共事件（Ⅰ级）：由市应急委员会办公室报请市主要领导批准后启动应急预案，市委书记、市长或分管市领导应赶赴现场，并成立由各突发公共事件专项指挥部、相关委办局和属地区县政府组成的现场指挥部。其中：市委书记、市长或分管市领导任总指挥，负责参与制订方案，指导、协调、督促有关部门开展工作；各突发公共事件专项指挥部、相关委办局和事件属地区县相关领导任执行总指挥，负责事件的具体指挥和处置工作。

……

4.2 基本响应程序

4.2.1 基本应急

（1）当确认突发公共事件即将或已经发生时，事发地的区县和市、区县所属各相关委办局应立即做出响应，按照“统一指挥、属地为主、专业处置”的要求，成立由各部门领导同志参加的现场指挥部，确定联系人和通信方式，指挥协调公安、交通、消防和医疗急救等部门应急队伍先期开展救援行动，组织、动员和帮助群众开展防灾、减灾和救灾工作。

……

4.3 应急结束

4.3.1 突发公共事件处置工作已基本完成，次生、衍生和事件危害被基本消除，应急处置工作即告结束。

4.3.2 突发公共事件应急处置工作结束后，承担事件处置工作的市各突发公共事件专项指挥部、区县、相关委办局和现场指挥部，需将应急处置工作的总结报告上报市应急委员会办公室，报请委员会主要领导批准后，做出同意应急结束的决定。

……

工作任务三完成总结

工作任务三的完成要求

课业上交形式为两种：一是电子版；二是打印版。

上交的课业内容：① 参展商登记表；② 会展专项应急预案。

对于电子版的形式：各小组组长（或指定的其他人）把应上交的课业整理好，保存在“展中工作任务的课业”的文件夹内。

对于打印版的形式：各小组组长把应上交的课业按顺序码好，作为工作任务二的课业成果。

工作任务三完成情况评价表

各小组组长填写表 3.3，各小组组员都填写表 3.4 和表 3.5。

表 3.3　工作任务完成情况评价表

班级		小组成员			
工作任务名称					
团队总分 （小组自评 20%+ 组间评价 20%+ 教师评价 60%）					
评价内容	分值	小组自评	组间评价	教师评价	实际得分
1. 我们一直都能准时参加团队工作	15				
2. 为了完成团队工作，我们做了大量的准备工作	30				
3. 我们对团队的工作成果满意	30				

（续表）

4. 所有成员都对团队工作提出了自己的想法与意见	15				
5. 我们在工作中礼貌待人并互相帮助	10				
合计	100				
自我评语					
组间评语					
教师评语					

表 3.4　个人评价表

个人姓名		团队分数			
个人贡献系数		个人成绩			
评价内容		完全符合	基本符合	基本不符	完全不符
1. 我一直都能准时参加团队工作					
2. 为了完成团队工作，我在课余时间也做了相关准备					
3. 我为团队工作获取了信息资料，完成了团队分给我的工作					
4. 我乐于助人并帮助过我的团队成员					
5. 我在团队讨论过程中能发表自己的观点					

说明：

（1）个人根据以上评价条目，在符合的项目后打“√”。

（2）组员之间比较评价结果，协商确定个人的贡献系数。

（3）用团队总分乘以个人贡献系数，得出个人分数。

（4）个人贡献系数按照 A 级 30%、B 级 60%、C 级 10% 的比例确定，如有疑义，求助教师解决。

表 3.5　教学评价表

教师姓名		权重（分值）			
评价内容		A. 很满意	B. 满意	C. 基本满意	D. 不满意
1. 老师教学能使我们情感和学习态度发生积极变化					

（续表）

2. 老师很好地创设了会展中可能发生的危险事件的情境，使课堂气氛活跃，我对此种方式很感兴趣				
3. 老师鼓励我们去发现和提出问题，能以我们的问题为出发点，开展教学				
4. 课堂上，老师给我们设置的任务有吸引力，使我们之间可以围绕问题开展讨论、交流，合作学习				
5. 展中参展商的服务章节内容使我们掌握了会展过程中突发的危险事件的应急处理，学会了应急预案或项目报告的撰写				
6. 老师对我们完成的任务给予了肯定，鼓励表扬为主，使我们学习更有信心				
7. 老师语言准确、教态亲切、有感染力				
8. 本任务提高了我们的团队合作和与人沟通的能力，使我个人的职业道德素质有所增强				
你希望教师从哪些方面改进，使你的收获更大，更有兴趣？				

技能测试习题

一、简答题

1. 举例说明客户服务专员的素质要求和能力要求。

2. 编写应急方案的内容。

3. 举例说明参展商的疑问，并设计回答方案。

4. 简述接待参展商要领。

二、案例分析题

案例一：家具企业暗战后展会时代

“以后家具展不应该只是产品展示、合作签约的地方，而应该是一个产生精神共鸣、体现品牌生命的平台。”深圳家具协会秘书长候克鹏在深圳家具展开展首日的一席话，预示着家具行业的“后展会时代”已悄然而至。家具业“后展会时代”是搜房网家具频道率先提出的概念，旨在表明企业对展会的依赖在一定程度上已逐年减弱，甚至开始超离展会；参展不再仅仅是展示产品、寻找经销商，更多的是展示品牌、推广理念。在本次广东三大家具展上,便涌现了一批提前感知了“后展会时代”来临的“先知”企业，在展会上上演了一场精彩的家具营销次世代PK。

案例二：行为艺术“行”入家具展

第25届深圳家具展展馆的走道上，出现了一些不同寻常的雕塑，主要形象是武士、兵马俑、王子公主、街头艺人，这些雕塑偶尔会做些机械性动作，部分细心的人甚至察觉到他们偶尔的眼神变化，引起人群的骚动，冷静下来才发现原来是真人。于是便从惊讶变成惊喜，许多人还上前与这些真人“雕塑”合影留念。

在这些“雕塑”身上的显著位置,都标注着“柏森有惊喜请移步XXXX馆”及“柏森”标志的字样，时不时地听到一些观众在合影后，都表示要去参观一下柏森品牌的展位。那几天，柏森家具的展位是整个展馆人气最高的地段，可见行为艺术初入家具行业的魅力。

柏森展会“行为艺术”完美谢幕之后，柏森家具品牌战略发展中心总监符凯接受采访并表示：“希望这个行业的老板，包括经理人跳出框框看问题，不要把自己锁定在这个行业里，而应该多借鉴一些其他零售行业的成功案例，借鉴他们的营销思路、营销方式。”超脱家具行业做营销，这或许正是家具企业突围后展会时代的捷径。

案例三：消失的“合作洽谈区”

红樱桃家具的展厅是本届深圳家具展一道靓丽的风景，大胆摒弃了展位的合作洽谈功能，专注于展示“都市生活场景”，而不再只是将目光停留在产品展示上。其展位是深圳展上唯一一个有休息区，却没有合作洽谈区的展位。

本次展会上，红樱桃家具跳出了产品展示的怪圈，打造了一个以“人·城市·自然”为主题的“都市生活场景”，不讲业务，只谈分享。红樱桃展位是一条通道，通道两边是16种都市生活场景，演绎16种人的家居装饰喜好。生活场景后面的接待区是一个让人小憩的地方，实际上是休息区。以往占据重要地位的洽谈合作区，已经悄然消失。

对于红樱桃大胆摒弃展位合作洽谈功能的做法，红樱桃家具总经理肖穗竣表示：“本届深圳展上，绝大多数企业还是停留在产品展示上，没走出这个误区。红樱桃“都市生活场景”展示方式，不仅仅想告诉人们，我们红樱桃到底卖什么，给消费者、顾客带来的是什么，更重要的是展示了红樱桃家具的品牌精神，给都市的年轻人创造一个美好、温馨、简约，或者时尚、高尚、沉稳的风格迥异的空间，发挥业主在家具选购方面的自我创造能力，同样的产品，经过消费者的自由搭配选择，可产生无数种可能。”肖穗竣认为，红樱桃的展厅设计，已经脱离产品展示，不再是产品平台，而是生活方式、生活理念的展示。

据红樱桃市场总监周建军介绍，本届展会红樱桃的另类做法，实际上在欧洲早已非常流行，“不谈业务，只谈分享”的理念，也获得了许多优质经销商的认可。可见，发达国家一些成熟的营销展示方法，也是可以借鉴的。

案例四：我们展的不是产品，是理念

“低碳”是本次广东三大家具展的主角，但多数人对低碳的认识还停留在“口号”上。而华源轩则率先打出低碳旗号，由“绿色家具”升级为“低碳家具”，将家具界的低碳营销推上了一个高峰。

在本届深圳家具展上，华源轩举办了“低碳家居行 始于华源轩”主题论坛。在展会上，推广华源轩的低碳实践之路。据华源轩董事长黄溪元介绍，目前，华源轩公司正在惠州建立一个占地21万平方米的低碳工业园，该园区可做到雨水全部回收，作为消防用水和二类、三类生活用水；工业园生产所用的锅炉和热水系统，用太阳能作为供热系统的主要来源；另外，华源轩引进了一套工业园智能路灯系统，动力主要来源于两个方面，一个是风力，一个是太阳能……整个园区贯彻了低碳理念，节地、节能、节材、节水，强调循环利用，从产品生产的源头，即推行了低碳思想。

华源轩在本次展会上的表现，早已超脱产品、甚至品牌本身，进而推广行业领先的概念，树立企业的社会形象。即便是在后展会时代，这种思路也是具有前瞻性的。

（资料来源：http://land.soufun.com/news/2010-04-10/3229393.htm，有改动）

问题：

1. 通过阅读以上案例，请你根据查阅的有关资料、信息，结合案例情景，设计参展商登记表。

2. 请你根据有关资料，结合自身特点，对自己的形象进行设计，并模拟情景，演示如何接待参展商。

工作任务四

展后客户（参展商）服务与管理

学习目标

- 更新、整理客户（参展商）各项资料，完善参展商数据库。
- 制作参展商意见反馈调查表。
- 根据客户关系评价指标，分类管理参展商。
- 维护参展商的策略和具体措施。

任务背景

全班仍然按工作任务二的形式分组。每小组根据工作任务三的项目确定情况继续进行并完成工作任务四的项目活动。小组之间进行讨论和情境模拟，分工合作完成制作参展商意见反馈调查表、完善参展商数据库、进行客户关系管理等工作。

工作任务的具体要求

各小组根据上述的任务背景描述，完成以下工作。

- 设计参展商意见反馈调查表，要求设计合理、语言易懂、填写方便、有新意、符合实际。
- 更新参展商数据库，要求分类合理、信息精准、查找方便。
- 进行参展商数据分类并说明分类理由，要求有理有据、合理。
- 根据参展商分类情况，进行客户关系管理，要求实际可行、可衡量、有新意。

小贴士：特别提示

上述的“工作任务的具体要求”及后述的每个活动完成时的“能力培养”是教师为各小组的演示过程打分的依据。

项目一

制作参展商意见调查表

工作描述

展会结束之后的任务就是通过各种方法，如发传真、发电子邮件、邮寄等，发放参展商意见反馈调查表。收集整理参展商的反馈意见有利于对参展商进行分类管理及维护客户关系。各小组组长分配任务，小组成员分工合作，完成参展商意见反馈调查表的制作工作。

活动　制作参展商意见调查表

活动内容

延用上述一系列的活动成果，制作参展商意见反馈调查表。这需要小组成员在一起讨论，也可以通过各种渠道参考以往展会或其他展会的参展商意见调查表。每个小组成员都要参与制作。

活动引导

通过学习理论知识、游览各展会网站或其他方式，小组成员分工查找、收集此次活动任务的有关信息和相关资料。小组成员在一起讨论，制作参展商意见调查表。小组成员一起商定应设计哪些题目，既不让参展商感到厌烦又能得到参展商的真实反馈信息。各个小组组长分配任务，填写工作分工表，如表 4.1 所示。

表 4.1　小组工作分工表

展会简称		展会名称	
活动名称			
小组成员			
组员分工情况			

查阅的内容包括：① 历届展会或其他展会的参展商意见调查表都包括哪些内容；② 历届展会或其他展会的参展商意见调查表的格式是什么样的；③ 历届展会或其他展会的参展商意见调查表是如何编写的。

经小组成员讨论，商定的内容有：① 针对本小组既定的会展的参展商意见调查表的格式；② 针对本小组既定的会展的参展商意见调查表都涉及哪些内容；③ 针对本小组既定的会展的参展商意见调查表如何编写。

这些都要一一做好记录，为编写参展商意见调查表提供依据。

可手写，也可打印。但无论采用何种形式书写，所用纸张的大小要一致。

在学生收集资料、讨论、编写过程中，教师及助教要做好指导、指点工作，为每个小组制作的参展商意见调查表打分，并为每一个小组做出点评、提出改进意见或建议。

能力培养

通过完成此次活动任务，培养学生各方面的能力，包括：① 创新意识；② 抉择能力；③ 合作精神；④ 虚心学习的精神；⑤ 利用网络、邮件，使用 Word、Excel、PPT 等办公软件的能力；⑥ 自信、勇敢的精神；⑦ 抗压能力；⑧ 解决冲突的能力；⑨ 参与能力；⑩ 沟通能力。

理论知识学习

一、参展商意见调查表中的内容

参展后的感受是参展商是否还会与会展企业合作的关键因素之一。所以，营销人员还要继续了解参展商的感受：一是通过了解参展商的感受可以了解会展的吸引力和参展商对会展服务水平的评价，以便找出不足，以后改正；二是让参展商有受重视、被关心的感觉，有利于会展企业（组展商）在参展商和专业观众心中树立良好形象，有助于维护客户关系。所以，对于会展营销人员来说，将此次会展产品和服务销售出去并不是营销工作的终点，还应继续关注参展商参展后对于会展的评价和反馈。参展商意见调查反馈表中应包括以下内容。

（1）参展商对本次会展的总体印象如何？

（2）是否达到了参展商的预期目标？

（3）参展商对活动期间的服务是否满意？

（4）参展商在活动举办过程中遇到了哪些不方便的事情？

（5）参展商期望组织者如何改进？

（6）参加展览会后是否增加了企业的业务量？

（7）下次是否还会继续参加本次会展的组织者举办的展会？

二、参展商意见调查表的格式

一般情况下，参展商意见调查表包括以下部分。

（1）前言，包括对参展商填写的感谢、对信息保密的保证等内容。

（2）联系人、联系单位、联系方式等。

（3）调查题目。

（4）日期、时间等。

小贴士：存档要求

此活动任务成果的建议标题为“展会名称＋活动名称”，如“第七届草莓大会参展商意见调查表”。若采用手写形式，报告结尾应注明班级，以及组员姓名。若采用电子版形式，保存的文件名为“展会名称＋活动名称＋组员姓名”。

项目二

完善参展商数据库

工作描述

根据展前收集、展中登记、展后反馈的参展商信息，以及所学理论知识，对参展商进行分类管理有利于为将来更好地开展会展工作打下坚实的基础。而更新、整理客户（参展商）资料，补充、完善参展商数据库是进行客户关系管理的第一步。

活动　更新、整理客户（参展商）资料，补充、完善参展商数据库

活动内容

在展会结束后，根据参展商登记表和参展商意见调查表中的信息，对参展商数据库进行更新，尤其是数据库中缺失的重要信息。在这个活动里，每个小组以工作任务二中的数据库为基础，另外补充 20 家参展商信息，使数据库更加充实，信息量更加丰富。补充完善参展商信息数据库是展后课业的一部分，各小组应继续合作完成。

活动引导

小组成员分工收集资料，合作完成对参展商信息资料的补充、完善工作。每个小组补充、完善 20 家参展商的信息、资料。各个小组组长分配任务，填写工作分工表，如表 4.2 所示。

表 4.2 小组工作分工表

展会简称		展会名称	
活动名称			
小组成员			
组员分工情况			

小组成员分工查阅的内容包括：① 参加过往届展会或相关展会的参展企业；② 可能参加此次展会的参展企业。可能前来参加展会的参展企业信息包括参展企业名称、企业地点、企业规模、企业经营范围、企业资金实力或综合实力、联系方式、是否有赞助行为、是否参加过相关展会等，将这些信息补充完整，完善参展商数据库。

商定的内容包括：① Excel 表格应如何制作才能美观、方便查找；② 参展商的信息应如何提炼；③ 参展商信息数据库哪些内容需要补充、哪些内容需要完善。

最后，组长（或指定的其他人）将参展商信息库存档。

在学生讨论、商定、补充完善、存档过程中，教师及助教要做好指导、指点工作，并为每个小组分别做出点评，提出修改、改进意见或建议。

最后，各小组将此次活动的成果保存妥当。保存地址、保存时使用的名称等符合教师的要求。此次活动的成果将是课业（展后工作任务的课业）中的一部分。

能力培养

通过完成此次活动任务，培养学生各方面的能力，包括：① 创新意识；② 抉择能力；③ 团队合作的精神；④ 解决冲突的能力；⑤ 参与能力；⑥ 沟通能力；⑦ 利用网络、邮件，使用 Word、Excel、PPT 等办公软件的能力；⑧ 抗压能力。

小贴士：制作 Excel 表格的要求

参展商数据库采取 Excel 表格的形式建立，页面大小为“A4”，页面方向为“横向”，将表格框线设置为“实线”。标题字号为“小四”，字体颜色加深或变换颜色，正文为五号字，表格整体要和谐。

小贴士：存档要求

沿用工作任务二项目三中的活动三文件夹。文件夹的名称为“专业名称—班级名称—展会简称—成员姓名”，如“会展策划与管理专业—11 级 1 班—体育展—张三、李四、王五、赵七”。将补充完善的参展商信息库即 Excel 表放在“展后工作任务的课业”文件夹内，编辑 Excel 表格中 Sheet 1 的名称为“展会简称—完善的参展商信息库”。

项目三

管理客户关系

工作描述

根据汇总、整理参展商意见调查表反馈出的信息，以及所学的理论知识，对参展商进行分类管理，并针对不同类别的参展商采取不同的管理方法和措施。汇总、整理参展商的反馈意见有利于对参展商进行分类管理，同时也为维护与参展商的关系提供了方便，为将来更好地开展会展工作打下基础。

活动一　根据客户关系评价指标，分类管理参展商

活动内容

小组成员在一起讨论、完成参展商的分类管理工作，并备注分类理由，将分类后的参展商信息汇总，建立一个新的参展商信息数据库。例如，可以将参展商分为关系紧密型客户、关系半紧密型客户、关系疏远型客户，关系紧密型客户还可以再分为忠诚者、潜在忠诚者、虚假忠诚者、不忠诚者等，以此类推。至此为止，参展商信息数据库就彻底建立好了。

活动引导

通过学习理论知识、上网等方式搜集参展商信息，小组成员在一起讨论，完成参展商的分类工作。各个小组组长分配任务，填写工作分工表，如表 4.3 所示。活动任务完成后，将活动成果上传给教师。

表 4.3 小组工作分工表

展会简称		展会名称	
活动名称			
小组成员			
组员分工情况			

小组成员讨论、商定的内容包括：① 如何进一步整理参展商数据库，使表格更加美观、方便易查、信息齐全；② 如何将参展商分类；③ 分类理由。

这些都要一一做好记录，为每个小组将参展商进行分类管理提供依据。

活动成果可手写也可打印。但无论采取何种形式书写，所用的纸张大小要一致。

在学生学习、讨论、分类的过程中，教师及助教要做好指导、指点工作，为每个小组的活动成果打分，并做出点评、提出改进意见或建议。

能力培养

通过完成此次活动任务，培养学生各方面的能力，包括：① 学习分析能力；② 判断能力；③ 利用网络、邮件，使用 Word、Excel、PPT 等办公软件的能力；④ 自信、勇敢的精神；⑤ 抗压能力；⑥ 解决冲突的能力；⑦ 参与能力；⑧ 沟通能力。

小贴士：存档要求

沿用工作任务二项目三中的活动三时建立的文件夹，文件夹的名称为“专业名称—班级名称—会展简称—小组成员姓名”，如“会展策划与管理专业—11 级 1 班—体育展—张三、王五、李四、赵七”。将新的参展商信息库即 Excel 表放在“展后工作任务的课业”文件夹内，编辑 Excel 表格中 Sheet 1 的名称为“展会简称—参展商信息库分类管理：忠诚者”；编辑 Sheet 2 的名称为“展会简称—参展商信息库分类管理：潜在忠诚者”；编辑 Sheet 3 的名称为“展会简称—参展商信息库分类管理：虚假忠诚者”；编辑 Sheet 4 的名称为“展会简称—参展商信息库分类管理：不忠诚者”。

小贴士：上传要求

将此次活动成果打包上传教师。上传要求：邮件以“专业名称＋班级名称＋展会名称＋活动名称＋小组成员姓名”为主题；正文基本格式为“××您好，请您查收××正文（附件），正文（附件）内容是……谢谢！”

理论知识学习

一、会展客户关系管理的内涵

（1）会展客户关系管理是一种“以客户为中心”的管理理念。

（2）会展客户关系管理是一种管理技术。

（3）会展客户关系管理是一种旨在改善组展商与客户之间关系的新型管理机制，是一个基于客户偏好而建立起的组展商与现有客户、目标客户、潜在客户和合作伙伴之间的互动系统。

（4）会展客户关系管理的最终目的，一方面要实现组展商收益的最大化，另一方面要实现参展商和观众价值最大化。

（5）对组展商来说，不同顾客给企业带来的价值是有差异的，因此，企业必须将最大的精力放在最有价值的顾客身上。

（6）会展客户关系管理的分析和运作是一个循环过程。

二、会展客户关系管理的重要性

（1）客户不仅是组展企业的“衣食父母”，而且是组展企业的重要资源。

（2）加强客户关系管理是组展商应对竞争的需要。

（3）加强客户关系管理有利于提高展会营销的针对性，减少组展企业各项资源的浪费。

（4）加强会展客户关系管理有利于提高客户的满意度和建立忠诚感，激励参展商持续参展，对专业买家和观众产生持久的吸引力。

（5）加强客户关系管理有利于提高展览会客户的综合收益。

三、组展商客户的构成体系

（1）组展商的上游客户包括：① 会展中心，② 搭建商，③ 运输代理商，④ 旅游服务商，⑤ 媒体合作伙伴。

（2）组展商的下游客户包括：① 参展商，② 赞助商，③ 观众。

四、会展客户关系的评价指标

（1）根据客户与组展商的商业利益关系的差异，可以将会展客户分为关系紧密型客户、关系半紧密型客户和关系疏远型客户。

① 关系紧密型客户是指给组展商带来主要利润的客户，如赞助商和参展商。

② 关系半紧密型客户是指为了展会的召开，需要组展商投入资金的客户，如会展中心、媒体合作单位、专业观众等。

③ 关系疏远型客户是指与组展商没有直接的商业贸易关系的客户，如搭建商、运输商、旅游代理商等。

（2）根据组展商与客户合作的深入程度，可以将组展商与客户的关系划分为基础阶段的客户关系、合作阶段客户关系和相互依存阶段的客户关系。

（3）根据客户与组展商的“关系质量”，可以将会展客户划分为对组展商满意的客户、对组展商信任的客户、对组展商依赖的客户及对组展商忠诚的客户。

五、客户细分方法

（一）狄克和巴苏的客户细分法

狄克和巴苏的客户细分法如图 4.1 所示。

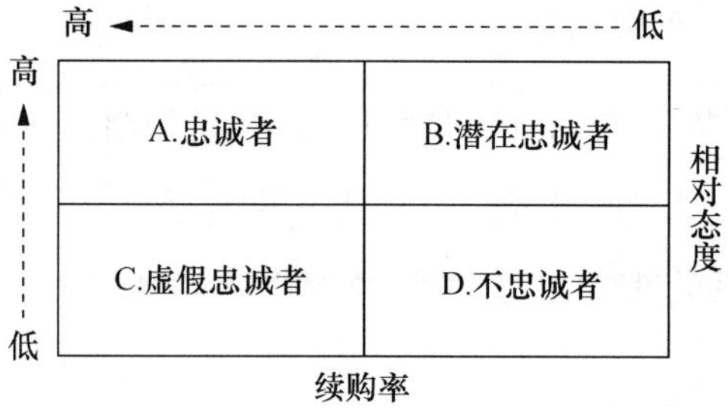

图 4.1　狄克和巴苏的客户细分法

［资源来源：Dick Alan S, Kunal Basu. Customer Loyalty: Toward an Integrated Conceptual Framework. Journal of the Academy of Marketing Science, 1994, 22(2): 102.］

图 4.1 中 A 类客户即忠诚者，是指续购率高，认为某个企业的产品比其他企业的产品更好的忠诚客户。A 类客户更愿意向他人推荐自己忠诚的品牌。

B 类客户即潜在忠诚者，是指对某个品牌有偏好，但由于环境原因，购买该品牌的频率较低的客户。

C 类客户即虚假忠诚者，是指虽然经常购买某个品牌的产品和服务，但没有对某一个品牌产生情感依附的客户。

D 类客户即不忠诚者，是指很少重复购买同一品牌的产品和服务的客户，经常转换品牌，购买随意性大。

（二）诺克斯的客户细分法

英国学者诺克斯的客户细分法如图 4.2 所示。

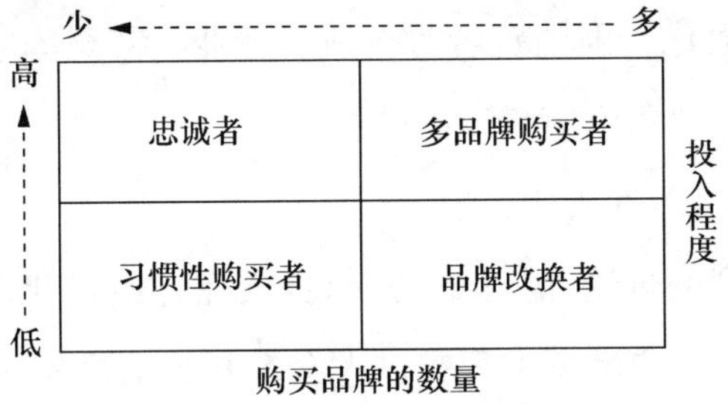

图 4.2 诺克思的客户细分法

［资源来源：Knox Simon. Loyalty-Based Segmentation and the Customer Development Process. European Management Journal, 1998, 16(6): 733. ］

（三）雷纳兹和库玛的客户细分法

美国学者雷纳兹和库玛根据企业为客户服务所能获得的利润和客户与企业保持关系的时间长短，将客户划分为陌生人、“花蝴蝶”、真正的朋友和“藤壶”。

（1）陌生人是指对企业不忠诚、企业为他们服务不能盈利的客户。

（2）“花蝴蝶”是指那些对企业不忠诚、但却可使企业盈利的客户。

（3）真正的朋友是指对企业忠诚、且能使企业盈利的客户。

（4）“藤壶”是指对企业忠诚度高、却无法使企业盈利的客户。

六、会展客户满意理论

（一）客户满意的概念

自从美国学者卡多佐在 1965 年首次提出客户满意的概念，并对其进行深入分析以来，已有无数篇论文与大量的著作对客户满意的含义、客户满意度测评方法及客户满意度的分析模型进行了讨论和研究。尽管尚无法对客户满意给出统一而普遍接受的定义，可是，使客户更满意的意义却已被企业界和学术界普遍认同。在众多的定义当中，最为常见的现代营销之父菲利普·科特勒对客户满意的定义。他认为“满意是指一个人将其对某产品的可感知绩效（或结果）与其自身期望相比后，所形成的愉悦或失望的感觉状态”，客户满意度就是客户满意水平的量化。这个定义清楚地表明，满意度水平是感知绩效和期望之间的差异函数。这一定义既符合心理学对满意的理解，同时也对客户满意度的实际测定与分析提供了理论支持。

（二）客户满意度指数

客户满意度指数（customer satisfaction index，CSI）就是从总体、综合的角度，将客户满意的衡量指数化，即消费者对企业、行业，甚至国家在满足客户需求方面进行评价，主要是从客户角度衡量产出的质量。

（三）客户满意度指数在国内的发展

我国对客户满意度的理论和实践研究起步较晚。1996 年 12 月，我国 12 个部委在北京联合召开了首届用户满意工程推进大会，开始重视客户满意的研究和实践。

清华大学根据中国市场的实际情况，率先提出了中国客户满意度指数模型 CCSI，这是在学习借鉴美国客户满意度指数（ACSI）基础上，根据中国国情对模型结构和测评指标体系进行必要的改造后而建立起来的具有中国特色的质量测评方法，并且我国一些地区和某些行业也在积极实施客户满意指数测评工作。该模型是一个因果关系模型，由 6 个结构变量和 11 种因果关系组成，其中品牌形象、预期质量、感知质量、感知价值是客户满意度的原因变量，客户忠诚是客户满意度的结果变量。

（四）从“高交会”的成功看客户满意与参展率的关系

中国国际高新技术成果交易会（以下简称“高交会”）以高新技术成果及产品的展示和交易为主要内容，是目前中国最具影响力的国家级、国际性高科技盛会。2005 年，为期 6 天的第七届“高交会”共有来自世界各地的 104 个代表团、3 464 家参展商和 1 896 家投资商参加了展示、交易和洽谈，专业展海外展区所占比例达 38%。国外组团数、跨国公司数、投资商数、专业展海外展区面积均创造了高交会的新记录。第七届“高交会”共接待了 53 万名观众，其中 83.1% 为专业观众。

在 2006 年度上海市教育委员会科研项目之一“项目管理在会展活动中的应用研究”中，施谊等学者对第七届“高交会”进行了满意度均值分析，让被访者对评估内容进行估分，然后根据所有被访者的评分计算平均值。此案例采用了专业性、票证服务、现场服务、场馆硬件、配套服务、专项活动、礼仪活动、高交会网站、宣传推广和“高交会”会刊 10 个纬度（专业观众满意度研究仅采用 9 个纬度，未涉及“现场服务”）。由指标体系中分析要素的确定及数据指标的统计可见，专业观众的总体满意度普遍较高，总体得分统计为 3.82 分。参展商和专业观众对“高交会”的忠实度亦非常高，八成参加过第六届“高交会”的参展商和专业观众继续参加第七届“高交会”，超过九成参加第七届“高交会”的参展商和专业观众表示将继续参加下届“高交会”。可见客户满意度和客户忠实度是紧密相关的，前者是后者的有效途径，后者是前者的支点。服务水平的高低优劣决定了参展商和专业观众对展览会专业性的认可程度，只有满意的客户才有可能是忠实的客户，这是展览会最宝贵的资源。

（五）会展客户满意度分析方法

在展会上的各项交易中始终存在着满意或不满意的感受，这种会展客户在购买现场服务或与会展企业接触过程中其期望与实际感受的差距所形成的态度，就是客户满意度。客户满意度分析一般采用满意度均值分析方法。

进行满意度均值分析，一般采用 5 分制的记分方法：5 分表示非常满意，1 分表示很不满意。由被访者对评价内容的满意程度进行估分，然后根据所有被访者的评分计算平均值。每一个领域都可以分成 5 级，把多个领域的平均值再平均就形成总体满意度的分值。

进行满意度均值分析通常使用满意度量表进行调查，此类量表多采用两种评估方法：单一整体评估法和要素总和评估法。前者要求被访者回答对展会的总体感受和满意度；后者需要先确定展会的各个评价要素，再就各要素编制调查问卷，最后让被访者回答对各评价要素的感受。前文中提到的 2006 年“高交会”客户满意度调查即是使用的此方法。

（六）会展业客户满意影响因素分析

影响我国会展业客户满意度的因素很多，从客户满意的定义出发，客户是否满意取决于其实际感受到的绩效与期望绩效的差异：若绩效小于期望，客户不会满意；若绩效与期望相当，客户会满意；若绩效大于期望，客户会十分满意。有效保持老客户仅仅使其满意是不够的，还必须使其高度满意，进一步培养客户对会展品牌的感情，而不仅仅是一种理性上的偏好，建立客户忠诚。我们研究客户满意度，就是为了能够更好地了解客户在参观展会全过程中对影响因素的重视程度的强弱，从而更好地为客户（专业观众）服务，让其非常满意，从而培养其忠诚度，保证展会的品牌建立与持续发展。

市场营销管理哲学告诉我们，提高企业给客户的让渡价值，能增加客户的满意度，甚至能够使客户的需要得到最大限度的满足，从而也更可能培养客户的忠诚度。针对会展专业观众，客户让渡价值是组展商或参展商转移的、观众感受得到的实际价值，一般表现为客户购买总价值与客户购买总成本之间的差额。客户购买总价值包含产品价值、服务价值、人员价值和形象价值。客户购买总成本包括了货币成本、时间成本、体力成本和精神成本。

1. 产品价值

观众参加展会项目的最终目的是希望能够获得预期的产品或能够了解相关行业动态发展、趋势等最新的信息。

2. 服务价值

服务价值指伴随产品实体出售，企业向客户提供的各种附加服务，包括产品介绍、送货、安装、调试、技术培训、住宿、餐饮等所产生的价值。专业观众与参展商之间的服务价值相对于组展商的服务价值要更值得观众关注，因为观众参展的直接目的与最终目的是获得预期的采购产品，与参展商发生的商业行为更直接、更持续。

3. 人员价值

人员价值是指参展企业员工的经营思想、知识水平、业务能力、工作效益与质量、应变能力等所产生的价值。参展企业员工直接决定了参展企业为客户提供产品与服务的质量，决定着客户购买总价值的大小。同时，人员价值对客户的影响作用是很大的，并且往往是潜移默化的。参展企业员工的一言一行都影响着专业观众对整个展会质量的评估，场馆内服务人员的接待水平也同样是观众对展会质量的评价之一。

4. 形象价值

形象价值指企业及其产品在社会公众中形成的总体形象所产生的价值。对参展企业而言，企业历来的社会形象、知名度、美誉度，展台的搭建特色、布局是否有利于观众的参观交流等是观众对参展商的形象价值评价，也是对整个展会质量的评价；对整个展会而言，展会的知名度、美誉度、可靠度、展会品牌度更是影响观众对展会的质量评价。对于客户抱怨能够积极聆听并妥善处理，同样为企业形象价值加分。因为“会抱怨的客户是好客户”，他会告诉你你哪些方面做得不够好，同时说明他对你还是存有希望，希望你改进，他还是会并且希望和你继续合作。妥善处理客户抱怨不仅可以减少老客户的流失，甚至能培养与客户的情感，建立客户忠诚度。

展会是否能够吸引到足够的专业观众，很大程度上取决于展会的品牌效应。品牌形象的 4 个层面是知名度、美誉度、联想度和忠诚度。在展会开幕之前吸引众多专业观众，提升知名度，可以有效利用公关手段，但美誉度则是要靠展会的整体表现积累以及新闻媒体的宣传报道广而告之。同时，我们知道客户满意是绩效与期望的差异，若使客户期望过高，则容易引起客户的失望，降低客户的满意程度。但是如果把期望定得过低，虽然能使客户感到满意，但很难吸引大量的专业客户。这就需要合理运用公关手段，把握好“度”，在组展商招商工作的过程中注意提供的期望与实际能够提供的绩效的关系。

客户的质量感知主要是对产品感知和服务感知。服务感知是专业观众在展会的现场发生采购行为后，参展企业对其提供的服务不应该随着展会的结束而结束，因为展会有行业的风向标的作用，一些新的技术、产品都会在展会上出现，后续的产品调试、操作演示等服务都需要参展企业的提供。同时，专业观众参加展会的目的除了采购以外，还包括获取行业最新动态，展会在提供展品展示服务以外提供的举办相关论坛、交流大会等的安排也是展会及展会品牌的延续，会得到观众对展会服务周到的评价。

活动二　客户关系管理策略及其具体措施

活动内容

根据参展商分类的结果，各小组成员发挥创造性和想象力，提出不少于 10 种维护与参展商关系的具体措施。参展商的分类结果不同，采取的具体措施不同。维护好与参展商关系是展后课业的一部分，各小组成员应继续合作完成。

活动引导

通过学习理论知识小组探讨、浏览各展会网站、咨询有关人士等其他方式，提出维护与客户（参展商）关系的方法和措施。小组组长分配任务，填写工作分工表，如表 4.4 所示。小组成员合作完成维护客户关系的策略和具体措施（具体措施不少于 10 种方法）的设计。

表 4.4　小组工作分工表

展会简称		展会名称	
活动名称			
小组成员			
组员分工情况			

查阅的内容包括：① 往届展会或其他展会的组展商维护客户（参展商）关系的策略是什么；② 往届展会或其他展会的组展商维护管理客户（参展商）关系的具体措施是什么。

商定的内容有：① 小组既定展会的维护与参展商关系的策略；② 小组既定展会的维护与参展商关系的具体措施，如何使忠诚者更加忠诚，使潜在忠诚者、虚假忠诚者成为忠诚者。

这些都要一一做好记录，为此次活动的演示、讲解提供依据。

演示形式：PPT 或其他形式。汇报形式：以小组形式汇报。可手写也可打印。但无论采用何种形式书写，所用纸张的大小要一致。

在学生查阅、讨论、商定过程中，教师及助教要做好指导、指点工作，并为每个小组的演示打分、点评、提出改进意见或建议。

最后，各小组将此次活动的成果自行保存，保存地址小组自定。完成整个工作任务时再将成果上交。针对此事，教师应提前提醒。此次活动的成果是课业（展后工作任务的课业）中的一部分。

能力培养

通过完成此次活动任务，培养学生各方面的能力，包括：① 创新性、创造性和想象能力；② 团队合作精神；③ 解决冲突的能力；④ 参与能力；⑤ 沟通能力；⑥ 利用网络、邮件，使用 Word、Excel、PPT 等办公软件的能力；⑦ 语言表达能力；⑧ 自信、勇敢的精神；⑨抗压能力。

小贴士：存档要求

此活动任务成果的建议标题为“展会名称＋活动名称”，如“第七届草莓大会维护参展商措施”。若采用手写形式，报告结尾应注明“班级＋小组成员姓名”。若采用电子版形式，保存的文件名为“展会名称＋活动名称＋小组成员姓名”。

理论知识学习

一、客户分类管理的内容

客户的分类管理是实现优质服务的前提。客户分类管理主要包括以下内容。

（1）确定细分会展客户群的标准，包括参展商的个性化资料、参展支付费用及频率、参展方式、地理区位、客户的关系网等。

（2）对会展客户群信息进行进一步分析，以便识别不同价值的客户或客户群。

（3）对不同客户群的管理。会展企业确定不同客户群对企业的价值、重要程度，并针对不同客户群的消费行为、期望值等制定不同的销售服务策略，虽然淘汰不良客户可能在短时期内对会展影响不好，但是从长期看，健康的客户渠道才能造就健康的品牌展会。对客户信息的分类管理将有助于提升管理和信息的功能。

二、客户关系管理的策略

针对雷纳兹和库玛的客户细分法，客户关系管理可以采取以下策略：对待“陌生人”，企业应尽早识别，不要花费过多时间和精力为他们服务。对待“花蝴蝶”，企业应对其进行硬性推销，尽可能从他们那儿获得最大短期利润，然后在适当的时候终止与这部分客户的关系。对待“藤壶”，应先判断他们的购买能力，若不足，企业不值得继续为他们服务。对待“真正的朋友”的策略是采取适当的措施，回报客户的忠诚行为，以便增强其忠诚感。

一般情况下，对于能给组展商带来大部分利润的忠诚客户，组展商应将其列为“战略合作伙伴”，与其建立长期、密切的“战略联盟伙伴关系”；对于组展商具有经济价值但对组展商认可度不高的客户，组展商应努力给这些客户留下好印象，提高对他们的服务水平，将其培养成忠诚客户；对那些与组展商有良好关系，但对组展商利润贡献不大的参展商，组展商应与其建立“维持型合作关系”，不必投入过多精力；而对那些在利润方面没什么贡献同时又对组展商挑剔的客户，组展商可采取委婉的措施终止与他们的关系。

（一）客户获得策略

会展企业要生存首先要有客户支持，因此客户关系管理的第一步是建立客户关系。只有会展企业与客户双方都认为可以从与对方的交换中获取合理的利益时，这种关系才可能达成。因此，建立客户关系的首要原则是“公平合理”，体现在客户的参展可以为会展企业此次的会展活动带来可观的经济与社会效益，并为展会带来适当水平、档次的产品，保证展会质量，提高会展企业美誉度，同时参展客户可以利用会展企业提供的技术服务更好地包装产品，达到拓展市场的目的，这种互利是双方建立关系的前提。主要方式如下。

1. 加强展会宣传力度

2000 年云南举办民族服装博览会时，虽然当地少数民族众多，服装服饰多样，但只有云南省的物品，终究不能代表全国。主办企业通过广泛造势，宣传民族服装业发展的大好前景，对各地产生了吸引力，博物馆、厂商、收藏爱好者纷纷前来参加。展会汇集各类服装服饰 3 000 多套、15 000 多件，取得了成功。

2. 提高管理与服务水平

香港会展业不仅具备一流的设备，服务也备受国际同行的称赞。例如，展会开始时，政府官员通常会到现场进行政策、法规解答，银行工作人员会到现场服务。这样，不仅使与会者能做成更多的生意，也使他们对香港有总体了解。同时，主办者还与酒店、旅游机构密切合作，有效地建立了企业与客户的良好关系。

网络经济时代，参展商与参观商不仅要求会展企业提供的服务优质，还要快捷。大多数会展企业采取各种措施积极应对，如试行网络招展、网上机票与旅馆预订、及时回复客户的咨询及网上下载客户需要的有关展览会的各种资料。

（二）客户保留策略

1. 追踪与满足客户的服务需求

只有不断满足客户的需要，才能取得他们的长期信任。会展客户的需要会因负责人而异，很难完全了解。最有效的方法就是直截了当地发问，而座谈会、调查表和电话访问都是捕捉客户信息的常规方法。参展商的需求在不断变化，因此这些调查也是长期需要的。然而捕捉信息只是第一步，要建立长期相互信任的关系，关键还在于会展企业要倾听和付诸行动。参展客户都希望组展机构关心他们，真正为他们的成功而努力。

2. 关注与提高客户的参展交易额

客户参展的直接目的是通过展会，拓展销路和市场，达成产品交易，从中获利。如果参与购买的客户少或质量不高，参展商不能取得预期收益，与组展机构的关系就很难保持，企业的市场就会逐步萎缩。因此会展企业要想从根本上留住客户，需要关注客户在展会上的交易情况，有效组织采购团，增加参展商的交易额，提高其参展效益。因此会展企业手头必须有一定量的有采购需要的客户，尽量与这些客户保持长期联系。

（三）客户忠诚策略

会展企业得益于客户的忠诚行为，而这种行为源于他们的心态。忠诚也是一种相对而言的心态，它排除对其他一些会展组织者的忠诚，但并不是排斥所有其他组织者，如一名客户可以对一个以上但彼此相竞争的供应商保持忠诚。同时应该提倡展览企业与参展客户彼此忠诚，两者之间建立平等对待、彼此尊重的忠诚关系。因此要保持客户忠诚最关键的一点就是组展机构应主动开展显示企业忠诚的工作。忠诚的客户希望得到比不忠诚的客户更好的关系，期望从企业得到忠诚，无论它以何种形式提供。

1. 实施促销激励

一谈到维护企业与忠诚客户的关系，有一种倾向就是首先把注意力集中在促销激励措施上，如价格折扣，免费或低成本地促销产品和服务等。这种措施或手段在会展活动中很常见。

2. 加强彼此联系

展览公司可以通过一定的途径，向忠诚客户无偿提供一系列商业供求信息，为重点参展企业提供展览知识方面的服务，以及优先保证他们参加展览企业组织的各种培训等。

三、客户关系管理的措施

根据参展商所属类别不同，即参展商是忠诚者还是潜在忠诚者，是虚假忠诚者还是不忠诚者，组展商会对其采取不同的具体维护措施，以期忠诚者更加忠诚，潜在忠诚者、虚假忠诚者成为忠诚者。

四、会展客户关系管理软件

现代展览是由若干相互联系的要素有机构成的一个系统，在这个展览系统中存在着五大基本要素：一是展览会的主体或服务对象，即参展厂商；二是展览会的经营部门或机构，即专业行业协会和展览公司，是展览会的组织者；三是展览会的客体，即展览会的展示场所，如展览馆或展览中心；四是展览市场，即参展厂商获取信息和宣传企业形象的渠道；五是参观展览的观众，即最终的用户和消费者。

会展管理软件的客户关系管理模块的管理对象全面涵盖现代展览系统的基本要素，它们是会展软件的主要管理对象，也是系统管理和服务的中心，具体如下。

1. 参展厂商——系统的动力层次

参展厂商亦称参展客户，是基于3个方面的原因：

（1）参展厂商为系统最基础的要素。没有参展厂商的参与，根本就无法举办展览会。参展厂商之所以成为系统的动力层次，主要是由于市场的需求和参展厂商的存在，才产生了展览系统的其他要素。

（2）参展厂商是系统得以存在和发展的原始动力。如果没有参展厂商的展览行为，就不会产生展览组织者和观众的行为，也就无所谓展览系统了。

（3）参展厂商是系统活力的前提。事实表明，凡是参展厂商群体庞大，行业组织支持度越高、展览竞争越是激烈的地区，展览系统越是活跃。

2. 展览组织者——系统的主体

凡以经营展览业务为盈利手段的单位都属于展览经营部门。目前我国的展览组织者有专营、兼营和代理3种形式。在成熟的展览系统中，展览组织者这个要素是指专营展览业务的机构和部门，即展览公司和一些行业协会。展览组织者在展览系统中的作用使它成为系统的主体。这是因为在展览系统中，只有展览组织者处于核心和支配地位，它不但决定展览的性质、特点和形式，而且决定展览的最终效果，所以，展览组织者的状况决定展览系统状况。

3. 展会的媒体（展示场所）——系统的神经

展览媒体是指展示场所——展览馆或展览中心。展览项目确定后，如果不通过一定的方式集中向消费者展现其中的成果，展览的意义也就不存在了。在展览系统中，展览的生命在于展现和传播，媒体与展览组织者（主办单位）、市场和观众（消费者）发生密切的联系。参展厂商与展馆的联系通过展览组织者来实现。在展览系统中，展览场所的主要功能就是通过提供媒介及形象展示、传播信息，其情形恰似系统的神经。

4. 展览市场——系统结构的纽带

展览系统中的市场是指广义的市场，因为展览系统是一个开放的系统，它所涉及的内容和经济关系远远超出了纯粹商品交换的范围。在这个系统中，既有以展览为媒介反映参展厂商和消费者关系的商品交换行为，也有反映参展厂商与展览组织者和展馆之间的分工协作行为。在展览系统中，市场这个要素的重要性随着商品经济的发展日益显著，一方面，它使系统其他要素的功能通过市场发生有机的联系，各要素之间的联系一定要通过市场的商品交换来实现，没有商品交换的展览活动是不存在的。即使是以树立企业形象和创造品牌印象为目的的战略性展览，也是为商品交换的顺利进行所做的一种准备工作。另一方面，市场以它特殊的功能调整着系统各要素之间的关系，因为各要素的行为方式的变化和行为后果都要从市场中得到反馈，这样通过市场这个媒介反映出的展览——信息必然会影响各个要素的关系，并以此为据，做出相应的反应和调整。所以市场是展览系统的纽带。

5. 参观展览的观众（消费者）——系统结构的起点和终点

消费者就是商品的购买者或使用者，包括生产消费者和生活消费者。消费者这个要素在商品经济活跃发展的条件下，其数量是很难确定的。在展览系统结构中，消费者是一切展览行为的起点。从社会再生产的过程看，如果没有消费，便不可能存在有目的的生产，没有生产便不可能产生参展厂商，也就不可能有其他行为，消费者还是展览行为的终点，因为展览活动之最终目的是为了满足消费者的购买和选择的需要，展览效果的好坏也要由消费者最后决定。

工作任务四完成总结

工作任务四的完成要求

课业上交形式为两种：一是电子版，二是打印版。

上交的课业内容包括：① 参展商意见调查表，② 参展商信息数据库，③ 客户（参展商）关系管理策略和措施。

对于电子版的形式：各小组组长（或指定的其他人）把应上交的课业整理好，保存在“展后工作任务的课业”文件夹内。

对于打印版的形式：各小组组长把应上交的课业按顺序码好，作为工作任务三的课业成果。

工作任务四完成情况评价表

各小组组长填写表 4.5；各小组成员填写表 4.6 和表 4.7。

表 4.5 工作任务完成情况评价表

<table>
<tr><td>班级</td><td></td><td>小组成员</td><td colspan="3"></td></tr>
<tr><td>工作任务名称</td><td colspan="5"></td></tr>
<tr><td colspan="6">团队总分
（小组自评 20%+ 组间评价 20%+ 教师评价 60%）</td></tr>
<tr><td>评价内容</td><td>分值</td><td>小组自评</td><td>组间评价</td><td>教师评价</td><td>实际得分</td></tr>
<tr><td>1. 我们一直都能准时参加团队工作</td><td>15</td><td></td><td></td><td></td><td></td></tr>
<tr><td>2. 为了完成团队工作，我们做了大量的准备工作</td><td>30</td><td></td><td></td><td></td><td></td></tr>
</table>

（续表）

3. 我们对团队的工作成果满意	30				
4. 所有成员都对团队工作提出了自己的想法与意见	15				
5. 我们在工作中礼貌待人并互相帮助	10				
合计	100				
自我评语					
组间评语					
教师评语					

表 4.6　个人评价表

个人姓名		团队分数			
个人贡献系数		个人成绩			
评价内容		完全符合	基本符合	基本不符	完全不符
1. 我一直都能准时参加团队工作					
2. 为了完成团队工作，我在课余时间也做了相关准备					
3. 我为团队工作获取了信息资料，完成了团队分给我的工作					
4. 我乐于助人并帮助过我的团队成员					
5. 我在团队讨论过程中能发表自己的观点					

说明：

（1）个人根据以上评价条目，在符合的项目后打“√”。

（2）组员之间比较评价结果，协商确定个人的贡献系数。

（3）用团队总分乘以个人贡献系数，得出个人分数。

（4）个人贡献系数按照 A 级 30%、B 级 60%、C 级 10% 的比例确定，如有疑义，求助教师解决。

表 4.7　教学评价表

教师姓名		权重（分值）			
评价内容		A. 很满意	B. 满意	C. 基本满意	D. 不满意
1. 老师教学能使我们情感和学习态度发生了积极变化					

（续表）

2. 老师很好地创设了会展后进行客户关系管理的情境，使课堂气氛活跃，我对此种方式很感兴趣				
3. 老师鼓励我们去发现和提出问题，能以我们的问题为出发点，开展教学				
4. 课堂上，老师给我们设置的任务有吸引力，使我们可以围绕问题开展讨论、交流，合作学习				
5. 展后参展商的服务章节内容使我们掌握了会展后如何对客户关系进行有效的管理，培养了自己的创新意识				
6. 老师对我们完成的任务给予了肯定鼓励表扬为主，使我们对学习更有信心				
7. 老师语言准确、教态亲切、有感染力				
8. 本任务提高了我们的团队合作和与人沟通的能力，使我个人的职业道德素质有所增强				
你希望教师从哪些方面改进，使你的收获更大、更有兴趣？				

技能测试习题

一、单选题

1. 会展客户关系管理的核心是（　　）。

A. 进行客户行为分析

B. 把产品和服务销售给合适的客户

C. 满足客户的需求，保证实现客户长期价值最优化

D. 与客户建立良好的关系

2. 会展客户关系管理的最终目的是（　　）。

A. 与客户建立良好的关系　　B. 双赢

C. 使自己企业利润最大　　D. 满足顾客的需求

3. 能够给组展商带来主要利润的客户是（　　）。

A. 关系紧密型客户　　B. 关系半紧密型客户

C. 关系疏远型客户　　D. 基础阶段客户

4. 组展商处理好与（　　）之间的关系对组展商有效节约成本至关重要。

A. 关系紧密型客户　　B. 关系半紧密型客户

C. 关系疏远型客户　　D. 基础阶段客户

5. 在客户关系的基础阶段，（　　）是进行交易的主要动力。

A. 关系　　B. 产品　　C. 价值　　D 价格

6. 客户与企业保持长期关系的意愿是指（　　）。

A. 满意感　　B. 信任感　　C. 归属感　　D. 忠诚感

7. 客户管理的基础工作是（　　）。

A. 寻找相关客户　　B. 收集和整理客户数据

C. 对客户进行营销　　D. 处理客户投诉

8. 组展商进行客户关系管理的根本出发点和最终目标是（　　）。

A. 进行客户行为分析

B. 把产品和服务销售给合适的客户

C. 满足客户的需求，保证实现客户长期价值最优化

D. 推进与客户的关系发展与之建立相互信任的合作关系

9.（　　）是组展商进行客户关系管理的前提条件。

A. 认识客户　　B. 客户细分

C. 目标客户选择　　D. 客户联络

10. 续购率高，觉得某个企业的产品比其他企业的产品更好的忠诚客户称为（　　）。

A. 类客户即忠诚者　　B. 类客户即潜在忠诚者

C. 类客户即虚假忠诚者　　D. 类客户即不忠诚者

11. 那些对企业不忠，却可以使企业盈利的客户被称为（　　）。

A. 陌生人　　B. 真正的朋友

C. 藤壶　　D. 花蝴蝶

二、多选题

1. 理解客户关系内涵，以下正确说法是（　　）。

A. 会展客户关系管理是一种以客户为中心的管理理念

B. 会展客户关系管理是一种管理技术

C. 会展客户关系管理有助于企业与客户的长期互利合作

D. 会展客户关系管理的分析和运作不是一个单循环过程

2. 重视客户关系的维护和管理的原因是因为（　　）。

A. 客户是组展商的重要资源

B. 加强客户关系管理有利于提高展览会的综合收益

C. 加强客户关系管理是应付竞争的需要

D. 加强客户关系管理有利于减少资源的浪费

3. 根据客户与组展商的商业利益的差异，可以把客户分为（　　）。

A. 关系紧密型客户　　B. 关系半紧密型客户

C. 关系疏远型客户　　D. 基础阶段客户

4. 以下属于关系半紧密型的客户是（　　）。

A. 会展中心　　B. 媒体合作单位

C. 专业观众　　D. 参展商

5. 以下属于关系疏远型的客户是（　　）。

A. 搭建商　　B. 赞助商

C. 运输商　　D. 旅游服务代理机构

6. 以下属于按照客户与组展商的关系质量来划分的客户是（　　）。

A. 对组展商满意的客户　　B. 合作阶段客户

C. 基础阶段客户　　D. 对组展商忠诚的客户

7. 忠诚的参展商反馈给组展商的信息可以分为（　　）。

A. 赞助商赞助金额　　B. 客户投诉信息

C. 观众反映信息　　D. 参展商需求方面的信息

8. 组展商客户关系管理的主要内容包括（　　）。

A. 与客户的谈判　　B. 客户数据的采集与分析

C. 客户关系的建立与维护　　D. 与客户交流信息

9. 以下属于根据狄克和巴苏的客户细分法的是（　　）。

A. A 类客户　　B. B 类客户

C. 陌生人　　D. 真正的朋友

10. 狄克和巴苏、诺克思、雷纳兹和库玛的三种客户细分方法共同关注的指标是（　　）。

A. 客户对本企业的购买习惯　　B. 客户对本企业的忠诚程度

C. 客户对本企业的价值　　D. 客户对本企业的喜欢程度

11. 因特网在信息传播过程中具备的其他传统媒介工具无法比拟的优点是（　　）。

A. 传播速度快　　B. 突破时间和空间的限制

C. 信息量大　　D. 费用低

12. 会展企业之所以重视利用网络工具加强展览会的营销工作是因为（　　）。

A. 因特网在信息传播中拥有传统媒体无法比拟的优点

B. 组展商的目标客户是与因特网高度接触的商务群体

C. 因特网传播时尚

D. 因特网受会展企业欢迎

三、判断题

1. 单纯靠产品和服务已经很难延续持久的竞争力。（　　）
2. 参展商是否连续参展，常常是展览会成功与否的重要指标。（　　）
3. 与展览会紧密相关的产业之间的关系像是一条层次分明的产业链。（　　）
4. 对组展商来说，不同客户给企业带来的价值是不同的。（　　）
5. 组展商需要剔除不具有培养前景的低价值客户。（　　）
6. 在组展商的客户体系中，专业观众和参展商是组展商的关系密切型客户。（　　）
7. 共同利益是组展商与关系疏远型客户的合作基础。（　　）
8. 基础阶段的客户很有可能与组展商达成信任和支持。（　　）
9. 组展商要特别注意营销人员与基础阶段的客户过度承诺。（　　）
10. 忠诚的参展商对自己忠诚的展览会参展费用不是特别敏感。（　　）
11. 忠诚者一般对价格优惠比较感兴趣。（　　）
12. 对组展商来说，不同顾客给企业带来的价值是有差异的，因此，企业应该将精力放在所有顾客身上。（　　）
13. 如何建立良好的客户关系通常是会展行业营销人员的基本功。（　　）

四、简答题

1. 根据客户细分模型，说明客户关系管理的方法。
2. 请举例说明客户关系管理的重要性。
3. 简述会展客户关系的特征。
4. 请举例说明会展客户关系的评价指标。

五、技能测试题

啤酒节源于德国，1810年的10月，是为了庆祝巴伐利亚的路德维格王子和萨克森国的希尔斯公主的婚礼而举行的盛大庆典。自那以后，十月啤酒节就作为巴伐利亚的一个传统的民间节日保留下来。每年9月的第三个星期六至10月的第一个星期日，于慕尼黑举行的啤酒节，是德国极具历史意义的传统节庆，延续至今已有近200年的历史。这场酒节誉为全球最大的节庆活动之一，每年都会吸引超过700万名的观光客，足足喝掉600万升以上的啤酒。自从中国有了啤酒，中国人也就知道了慕尼黑。甚至有的啤酒的广告就是这样说的：很德国，很德国！

中国的啤酒节最早是从 1991 年青岛开始的，到今年已经举办了 16 届；大连“中国国际啤酒节”也举办了 8 届；哈尔滨啤酒节举办了 4 届，剩下的还有燕京酒节、西安酒节、天津酒节，等等，百花齐放，百家争鸣。国内的酒节举办的时间都集中在七八月份，这个季节属于夏季，酒销售的旺季，所以大家都要争先恐后地频频露脸，各个酒节的内容形式五花八门。

大多数举办者都是城市行为，打出旅游牌，促进地方经济发展。在一个酒城里，酒企业汇集一隅，各种节目争相斗妍，消费者在主持人的煽动下，忘情消费。大型的酒节往往有几百万人蜂拥而至，消费者慷慨解囊，大把大把的钞票如流水一般。举办城市、参会企业、观光消费者都是喜上眉梢。可以说，其热闹的程度使啤酒节变成了狂欢节，哪个企业的节目抓人眼球，哪个企业就会硕果累累。

能够通过啤酒节打出品牌的中国啤酒可谓凤毛麟角，并且大多数啤酒节都变成了旅游项目的附属物，对啤酒企业的品牌知名度没有太多的影响力。还有的啤酒节挂羊头卖狗肉，就是设定各种名目，完全为了招商骗取啤酒企业的支持。啤酒节不应该单单是狂欢，应该是啤酒企业一次很好的宣传机会，甚至是进入这个城市销售的号角，不能只是简单的几天热闹。

啤酒节应该是啤酒行业对啤酒文化宣传教育的最好时机，其他都是手段，是装饰。为什么德国的啤酒节只接受慕尼黑区域的啤酒企业参加，而我们的啤酒节却是韩信点兵，多多益善？因为目的不一样，所以举办方就不一样，举办的啤酒节的效果就不一样。我们的啤酒节大多照猫画虎，只看到了人家啤酒节的热闹和内容，却忘记了人家为什么举办啤酒节。虽然人家也是因为一次偶然的庆典而发起的，但是人家却沿用了这个形式，并赋予了酒节真正的内涵：发展啤酒经济，促进啤酒文化传播，让啤酒企业更创辉煌！

（资料来源：http://www.9998.tv/news/8290.html，有改动）

问题：通过阅读案例，说明会展客户的构成体系，阐述客户关系管理的内涵及重要性。

（技能测试题参考答案）

一、会展客户的构成体系

1. 组展商的上游客户

会展中心、搭建商、运输代理商、旅游服务商、媒体合作伙伴。

2. 组展商的下游客户

参展商、赞助商、观众

二、（一）会展客户关系内涵

1. 会展客户关系管理是一种“以客户为中心”的管理理念。

2. 会展客户关系管理是一种管理技术。

3. 会展客户关系管理是一种旨在改善组展商与客户之间关系的新型管理机制，是一个基于客户偏好而建立起的组展商与现有客户、目标客户、潜在客户和合作伙伴之间的互动系统。

4. 会展客户关系管理的最终目的，一方面要实现组展商收益的最大化，另一方面要实现参展商和观众价值最大化。

5. 对组展商来说，不同顾客给企业带来的价值是有差异的，因此，企业必须将最大的精力放在最有价值的顾客身上。

6. 会展客户关系管理的分析和运作是一个循环过程。

（二）会展客户关系管理的重要性

1. 客户不仅是组展企业的“衣食父母”，而且是组展企业的重要资源。

2. 加强客户关系管理是组展商应付竞争的需要。

3. 加强客户关系管理有利于提高展会营销的针对性，减少组展企业各项资源的浪费。

4. 加强会展客户关系管理有利于提高客户的满意度和建立忠诚感，激励参展商持续参展以及对专业买家和观众产生持久的吸引力。

5. 加强客户关系管理有利于提高展览会客户的综合收益。

工作任务五

工作任务总体整合

一、工作任务总体整合

工作任务总体整合＝工作任务一＋工作任务二＋工作任务三＋工作任务四

二、工作任务总体整合形式

工作任务总体整合形式：大课业＝工作任务二的课业总和＋工作任务三的课业总和＋工作任务四的课业总和

三、工作任务总体整合要求

工作任务总体整合要求＝工作任务二的完成要求＋工作任务三的完成要求＋工作任务四的完成要求

按展前工作任务、展中工作任务、展后工作任务顺序将课业整理妥当：电子版课业存档；打印版课业按顺序码好。

四、展商促进服务与管理整体大课业内容

——展前、展中、展后

（一）封面

学院名称，学院LOGO，系名称，系标志LOGO，会展专业名称，课程名称，项目名称，班级名称，小组成员，完成时间、地点。

（二）目录

（略）

（三）展前项目内容

1. 招展方案

（1）招展说明书

① 展会基本内容。

② 展会的日程安排。

③ 宣传推广方式。

④ 现场活动。

⑤ 展位费用及展位设施。

⑥ 展位图。

⑦ 参展流程。

⑧ 参展规定。

⑨ 参展办法。

⑩ 参展申请表。

（2）招展方案的附件

附件 1：会展产品的产业链分析。

附件 2：会展产品的行业分析。

附件 3：展会的地点分析。

附件 4：招展工作的总体进度安排。

附件 5：展会宣传推广的定价方案简介。

附件 6：招展赞助方案简介。

附件 7：参展商邀请函。

2. 展前参展商疑问

（四）展中项目内容

1. 参展商登记表

2. 展会应急方案

（五）展后项目内容

1. 参展商问卷调查表

2. 参展商信息数据库完善补充

（1）参展商数据库补充完善

（2）按客户关系评价指标将参展商分类管理

（3）分类管理方法和具体措施

参考文献

[1] 刘大可．会展营销教程［M］．北京：高等教育出版社．2006.
[2] 毛金凤，韩福文．会展营销［M］．北京：机械工业出版社．2008.